GEORG THUM

Stottern, Schule und Inklusion

Ein Ratgeber zur Unterstützung stotternder Schülerinnen und Schüler

Zum Autor

Georg Thum ist als akademischer Sprachtherapeut (M.A.) seit 1996 ausschließlich in der Stottertherapie tätig. Er konzipierte mit Ingeborg Mayer die Intensivtherapie »Stärker als Stottern« (Thum & Mayer 2014, Thum & Hiederer 2023) und führt den methodenkombinierten Ansatz auch ambulant in eigener Praxis in München-Pasing durch. An der Ludwig-Maximilians-Universität München ist er seit vielen Jahren als wissenschaftlicher Mitarbeiter und Dozent im Bereich Redeflussstörungen tätig und leitet die Stotterberatungsstelle. Zudem ist er Mitautor der 2016 erschienenen AWMF S3-Leitlinie „Redeflussstörungen". Fachwissenschaftlich engagiert er sich seit vielen Jahren in zahlreichen Fortbildungen, Workshops, Vorträgen und diversen Veröffentlichungen unter anderem für die BVSS (Bundesvereinigung Stottern & Selbsthilfe), deren wissenschaftlichem Fachbeirat er angehört. Er lebt, lehrt und praktiziert in München.

Vorbemerkung

Dieser Ratgeber richtet sich an Kolleginnen und Kollegen, die im pädagogischen, psychologischen und therapeutischen Kontext arbeiten, wie auch an Angehörige stotternder Kinder.

Lesen Sie quer! Die einzelnen Kapitel verweisen auf weiterführende Inhalte.

- *Kurz und knapp:* Zu Beginn eines Kapitels finden Sie eine knappe Übersicht, falls es mal schnell gehen muss.
- *Bedeutung für die Schule:* Daran schließt sich ein Kapitel an, das die Relevanz für die Schule aufzeigen soll.
- *Tipps:* In den Kästen mit Tipps finden sich weiterführende Hinweise mit Verweis auf Material, Selbsterfahrungsübungen, praktische Beispiele und Links. Hierzu finden Sie den QR-Code, der Sie zur Online-Seite des Ratgebers führt. Darin ist die komplette Link-Liste der im Ratgeber genannten Quellen enthalten.
  → **www.demosthenes-verlag.de/ratgeber-stottern-schule**

- *Falldarstellungen* am Ende eines Kapitels sollen die Inhalte konkretisieren und mit Leben füllen.
- *Anonymisiert:* Sämtliche personenbezogenen Daten der Falldarstellungen sind anonymisiert und die Namen pseudonymisiert, falls nicht anders erwähnt.

Ein herzlicher Dank geht an die Kolleginnen Angelika Bauer (Akademische Oberrätin am Lehrstuhl Sprachheilpädagogik/Sprachtherapie der LMU München), an Isolde Vonhausen (Mobiler Sonderpädagogischer Dienst, München) für deren Input zu Fragen des sonderpädagogischen Förderbedarfs und zur Inklusion sowie an Daniela Naumann und Maria Buchner für das aufmerksame Redigieren des Textes.

Ein besonderer Dank gilt all denjenigen, die ihre eigenen Erfahrungen zu Stottern in der Schule eingebracht haben, ebenso wie deren Angehörigen. Eure und Ihre Erfahrungsberichte bereichern diesen Ratgeber mit Leben und persönlicher Sichtweise.

Vorwort

Damit die gesetzlich verankerte Chancengleichheit auch für stotternde Schüler*innen gewährleistet bzw. erreicht werden kann, ist Wissen über Stottern auf mehreren Ebenen essenziell. Die Schulzeit stotternder Schüler*innen kann von vielfältigen Herausforderungen geprägt sein. Diese unterscheiden sich individuell und können von der allgemeinen Angst vor der Klasse zu sprechen über Vermeidungsverhalten bis hin zu Mobbing durch Mitschüler*innen reichen.

Auch ich persönlich kann von zahlreichen Herausforderungen während der Schulzeit berichten, die mit dem Stottern in Verbindung standen. Zwei ganz persönliche Erfahrungen möchte ich beispielhaft an dieser Stelle schildern. Während meiner Grundschulzeit habe ich mich im Unterricht nicht oft gemeldet, auch wenn ich die Antwort auf eine Frage wusste. Stattdessen flüsterte ich diese oft einer Mitschülerin zu, damit sie sie für mich sagte. Es ärgerte mich aber gleichzeitig, wenn jemand anderes genau die Antwort aussprach, die ich selbst auch im Kopf hatte. Lange brachte ich dieses Verhalten nicht mit meinem Stottern in Verbindung, sondern dachte, dass ich nur schüchtern wäre.

Auch das Verhalten der Lehrer*innen spielte im Umgang mit meinem Stottern eine Rolle. In der Oberstufe wurde ich von manchen Lehrer*innen selten drangenommen, obwohl ich mich meldete. Mir schien es, als wäre mein Stottern der Lehrkraft unangenehm, jedoch wurde kein Gespräch gesucht, um dies zu klären. Mir selbst fehlten der Mut und das Selbstvertrauen, um das Stottern anzusprechen. Diese Erfahrungen haben mir gezeigt, wie wichtig es ist, dass Lehrer*innen über Stottern informiert sind und konkrete Maßnahmen kennen, um stotternde Schüler*innen zu unterstützen.

Im vorliegenden Ratgeber finden sich gebündeltes Wissen und Umsetzungsvorschläge, mit denen Lehrer*innen befähigt und ermutigt werden, Stottern zu thematisieren und aus der Tabuzone herauszuholen. Wenn die Lehrer*innen in meiner Schulzeit über das hier versammelte Wissen verfügt hätten, wären sicherlich einige Situationen bezüglich des Stotterns besser verlaufen.

Der Nachteilsausgleich spielt bei der Unterstützung Betroffener eine zentrale Rolle und ist im Buch übersichtlich in einer Tabelle dargestellt. Die bundeslandspezifischen Informationen sind über einen QR-Code zugänglich. Ideen für Maßnahmen zur Förderung von stotternden Schüler*innen werden auf den Ebenen Administration, Schule, Klasse und Schüler*in differenziert erläutert. Dazu zählen beispielsweise ein individuell angepasster Nachteilsausgleich oder konkrete Kommunikationsregeln, die auf Schüler*innen-Ebene vereinbart werden.

Lehrer*innen und Eltern finden in diesem Ratgeber, der durch Übersichtlichkeit und Praxisnähe überzeugt, u.a. Informationen zu Ursachen und Symptomen des Stotterns. Das Kapitel zu Stottertherapie beinhaltet neben der Darstellung von Therapiemethoden auch Informationen darüber, woran seriöse Therapieverfahren erkannt werden können. In diesem Ratgeber wurde ein Faktencheck integriert, der auf 11 weit verbreitete Mythen sowie Glaubenssätze rund um Stottern mit wissenschaftsbasierten und praxisnahen Antworten reagiert. Die eingefügten QR-Codes, bieten an unterschiedlichen Stellen Zugang zu weiterführenden Materialien.

Dieser Schulratgeber liefert wertvolle Impulse und praxisnahe Anregungen für Lehrer*innen und kann dazu beitragen, die Lebenssituation stotternder Schüler*innen nachhaltig zu verbessern.

Nathalie Krammer, Ansprechpartnerin der Flow-Gruppe Hannover

1 Stottern

1.1 Kurz und knapp

Das erfahren Sie in diesem Kapitel

- Stottern ist eine Redeflussstörung, der Sprechablauf wird unterbrochen.
- Stottern hat eine körperliche (neurologische) Ursache und eine hohe vererbte (genetische) Veranlagung.
- Stotternde wissen, was sie sagen möchten, doch sie erleben einen Kontrollverlust und haben phasenweise keinen Zugriff auf ihre Sprechmotorik.
- Kernsymptome: Der Kontrollverlust erfolgt in Form von Wiederholungen, Blockierungen oder Dehnungen.
- Begleitsymptome: Als Reaktion auf das Stottern treten häufig meist unterbewusst angelernte Symptome auf. Diese können offen erkennbar (z.B. körperliche Mitbewegungen, angespannte Atmung), aber auch für Außenstehende nicht sichtbar sein (z.B. sprachliche Vermeidestrategien, emotionale Reaktionen wie Angst- und Schamgefühle oder negative Gedanken).
- Jedes Stottern ist einzigartig, ebenso seine Auswirkungen auf die Lebensqualität und der individuell erlebte Leidensdruck. Auch scheinbar selbstbewusste Schüler*innen können unter hoher Belastung leiden.
- Gutgemeinte Tipps („Atme durch“, „Sprich langsam“, „Denk erst mal nach“) verstärken die Belastung und helfen nicht weiter.

1.2 Bedeutung für die Schule

- Lernen Sie in diesem Kapitel Stottern besser zu verstehen. Pädagogen und Pädagoginnen fällt im Lebensraum Schule eine wichtige Schlüsselfunktion zu.
- Viele stotternde Schüler*innen werden in der Schule nicht wahrgenommen, insbesondere diejenigen, die ihr Stottern aus unterschiedlichen Gründen nicht offen zeigen wollen oder können. Oft erfahren sie nicht die Unterstützung, die sie benötigen. Diese Gruppe ist gefährdet, als leistungsschwach, sozial auffällig, störend, introvertiert oder zurückgezogen beschrieben zu werden.
  → Lernen Sie, wie Sie stotternde Schüler*innen besser wahrnehmen.

- Abbau von Stereotypen und Mythen: Falsche Annahmen und Mythen über die Ursachen des Stotterns, zugeschriebene Persönlichkeitsmerkmale oder kontraproduktive Tipps verunsichern Stotternde und deren Angehörige oftmals und führen immer wieder zu einem negativen Selbstbild.
→ Erweitern Sie Ihre Kompetenz in der Beratung stotternder Kinder und Jugendlicher, um aufklärend zu informieren und Ängsten, (Selbst-)Vorwürfen und negativen Gedanken entgegenzutreten.
- Erfahren Sie mehr über den individuell erlebten Kontrollverlust und dessen Begleitsymptome.

1.3 Was ist Stottern?

Stottern ist gekennzeichnet durch einen motorischen Kontrollverlust. Der Redefluss wird dabei unwillkürlich unterbrochen. Stotternde wissen, was sie sagen möchten, doch sie haben phasenweise keinen Zugriff auf ihre Sprechmotorik. Es wird zwischen Kern- und Begleitsymptomatik unterschieden. Stottern wird im klinischen Kontext als originäres, neurogenes, nicht-syndromales Stottern (oder kurz „originäres Stottern“) bezeichnet, synonym oftmals auch als idiopathisches Stottern. Damit ist das Stottern gemeint, das in der Kindheit ohne unmittelbar erkennbare Ursachen auftritt (Neumann et al. 2016).

Stottern ist eine Behinderung und in der Entwurfsfassung der ICD-11 (International Classification of Diseases) mit *6A01.1* kodiert (ICD 2023). Stotternde Menschen haben Rechte, die sich aus Artikel 3, Absatz 2 des Grundgesetzes ableiten: „Niemand darf wegen seiner Behinderung benachteiligt werden.“

1.3.1 Entstehung und Verlauf

Originäres Stottern entsteht bei 75 % aller stotternden Menschen zwischen dem 2. und 6. Lebensjahr, es betrifft in dieser Zeitspanne 5 % aller Kinder (Inzidenz). Nach dem 12. Lebensjahr wird es zunehmend unwahrscheinlicher, dass Stottern erstmalig auftritt.

1,4 % aller Schulkinder sind von Stottern betroffen (Craig & Tran 2005). Die Prävalenzrate (d.h. alle von Stottern betroffenen Menschen in der Gesamtbevölkerung) beträgt ca. 1 %. Somit stottern in Deutschland ca. 832.000 Personen (Bloodstein et al. 2021, Yairi & Ambrose 2013, Natke & Kohmäscher 2020, Neumann et al. 2016).

Remission

Es liegt eine hohe Remissionsrate vor, d.h. 80 % aller Kinder, die zu stottern beginnen, verlieren ihr Stottern vollständig, bei 20 % entwickelt es sich zu chronischem Stottern *(Abbildung 1: Remission & Chronifizierung)*. Bei kleineren Kindern ist das Remissionsfenster weit geöffnet: Je länger das Stottern andauert bzw. je älter das Kind ist, desto wahrscheinlicher wird eine Chronifizierung. Ab dem ca. 12. Lebensjahr ist von chronischem Stottern auszugehen, eine Heilung wird danach zunehmend unwahrscheinlicher, selbst wenn sie in Einzelfällen beobachtet wird. Stottern gilt dann als nicht heilbar, ist jedoch gut zu behandeln.

Sollten die Unflüssigkeiten über einen Zeitraum von 3-6 Monaten bestehen, so ist eine Abklärung bei Pädiater*innen, HNO-Ärzten oder -Ärztinnen bzw. Sprachtherapeut*innen angeraten.

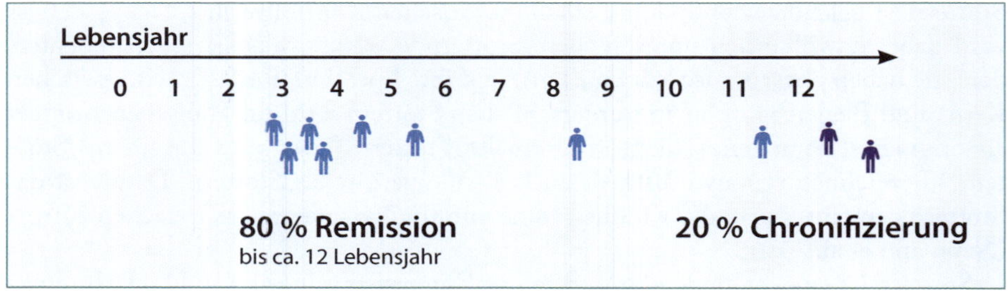

Abbildung 1: Remission & Chronifizierung

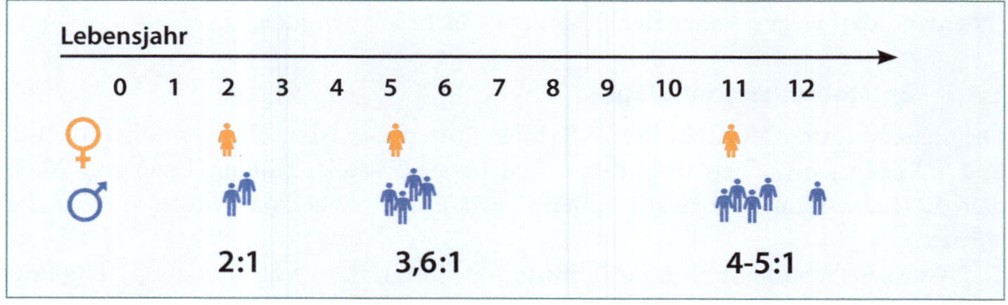

Abbildung 2: Geschlechterverteilung

Im Kindesalter stottern doppelt so viele Jungen wie Mädchen. Ab der Adoleszenz sind Männer 5x so häufig von Stottern betroffen wie Frauen *(Abbildung 2: Geschlechterverteilung)*. Daraus lässt sich folgern, dass Mädchen häufiger ihr Stottern verlieren als Jungen (Craig & Tran 2005, Yairi & Ambrose 1992, Neumann et al. 2016).

1.3.2 Kern- und Begleitsymptomatik

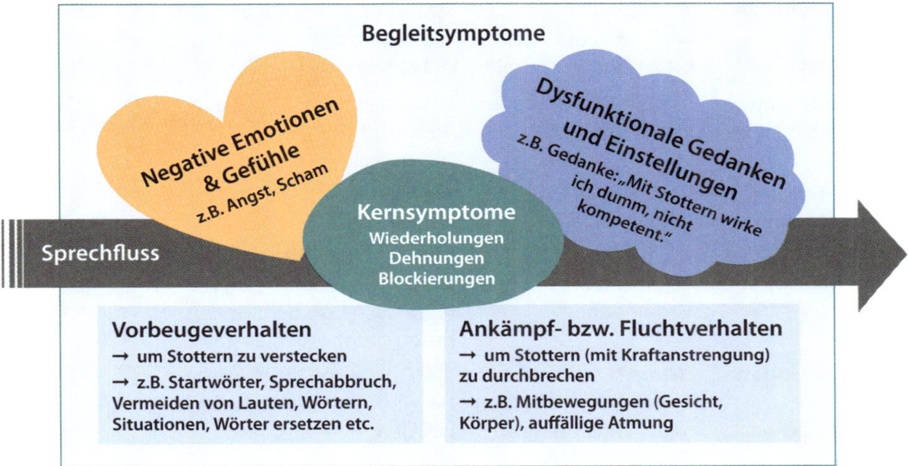

Abbildung 3: Komponenten des Stotterns

Beispiel:

An folgendem Beispiel sollen die verschiedenen Ebenen des Stotterns demonstriert werden. Ein Schüler meldet sich und stellt folgende Frage:
„Ich möchte wissen, ob der Sportunterricht morgen ausfällt."

Kernsymptome

Wie oben erwähnt, wissen stotternde Menschen, was sie sagen möchten, und erleben den Moment des Stotterns als sprecherischen Kontrollverlust.

Tabelle 1: Kernsymptome beschreibt alle Arten von Stotterereignissen.

Die Unflüssigkeiten treten häufig mit unterschiedlich ausgeprägter körperlicher Anspannung auf (→ *Ankämpfverhalten*). Die Symptomqualität variiert zwischen sehr mildem Stottern mit für Außenstehende kaum sichtbarer (offener) Symptomatik bis hin zu deutlich wahrnehmbaren Unflüssigkeiten. Stottern ist schwer beeinflussbar, weshalb gut gemeinte Tipps nicht weiterhelfen.

TIPP 1: Audiobeispiele

Sämtliche Kern- und einige Begleitsymptome sind als Audiobeispiele abrufbar.
Über den QR-Code kommen Sie zur Online-Seite des Ratgebers.
→ **www.demosthenes-verlag.de/ratgeber-stottern-schule**

Kernsymptom	Erklärung	Beispiel	Audiobeispiel
Wiederholungen von Wörtern	Meist einsilbige Ganzwörter werden wiederholt.	/Ich ich ich ich/ möchte wissen, ob der Sportunterricht morgen ausfällt.	01
Wiederholungen von Teilwörtern	Eine Silbe eines Wortes wird wiederholt.	Ich /mə-mə-mə möchte/ wissen, ob der Sportunterricht morgen ausfällt.	02
Wiederholungen von Lauten	Ein einzelner Laut wird wiederholt.	Ich /m-m-m-möchte/ wissen, ob der Sportunterricht morgen ausfällt.	03
Dehnungen	Ein einzelner Laut wird gedehnt.	/Iiiiiiiich/ möchte/wwwww wwwissen/, ob der Sportunterricht morgen ausfällt.	04
Blockierungen	Die meist stummen Blockierungen werden oft als Sprechpausen fehlinterpretiert.	Ich /---------möchte/ wissen, /------ob/ der Sportunterricht morgen /-------ausfällt/.	05
Komplexe Symptome	Häufig treten mehrere Symptome gleichzeitig auf. Im Beispiel: Blockierung + Wiederholung.	Ich /--------m -m m möchte/ wissen, -----ob der Sportunterricht morgen ausfällt.	

Tabelle 1: Kernsymptome

An welcher Stelle stottert man eigentlich genau?

Stotterereignisse können potentiell an jeder einzelnen Silbe auftreten. Deshalb wird in der Diagnostik die Anzahl gestotterter Silben in Prozent gemessen. Stottert eine Person beispielsweise eine Lautwiederholung wie in /m-m-m-möchte/, so verorten die meisten Menschen den Kontrollverlust beim Laut /m/. Man kann einwenden, dass dies ja nicht sein kann, denn im Beispiel wird das /m/ sogar 3x wiederholend produziert! Dieser Laut „funktioniert“ also.

Wie Wingate aufzeigte, tritt Stottern am Übergang zum Silbennukleus auf (Wingate 1969, Zückner 2021). Oder einfacher formuliert: In der gestotterten Silbe ist der Übergang vom Konsonanten zum Vokal betroffen, der koartikulatorische Übergang wird nicht vollendet. Bei einer Teilwortwiederholung wie bei /mə-mə-mə möchte/ gelingt der Übergang vom /m/ zum /ö/ nicht, weshalb ggf. nur ein Schwa-Laut (ə) zu hören ist und nicht der Zielvokal /ö/. Bei einem Vokal zu Wortbeginn (wie in „Obst“) ist dieser betroffen z.B. als Wiederholung → /O-o-o-obst/, als Dehnung /ooooooobst/ oder als Blockierung /------------obst/.

Begleitsymptome

Meist kommen infolge des Kontrollverlustes begleitende Symptome hinzu und sind als Reaktion auf das Kernsymptom zu verstehen *(Abbildung 3: Komponenten des Stotterns,* modifiziert nach Thum 2013, Thum & Mayer 2014). Einige beobachtbare Phänomene des Stotterns werden fälschlicherweise als ursächlich interpretiert, wie beispielsweise auffälliges Atemverhalten, Sprechängste oder aufkommendes Schamgefühl. Jedoch: Zuerst ist der Kontrollverlust des Stotterns da, als Folge entwickeln sich häufig Begleitsymptome (→ *1.7 Mythen – der Faktencheck*). Dies ist lerntheoretisch zu erklären. Menschen mit Stottern wenden im Ereignis intuitiv Strategien an, um das als unangenehm empfundene Gefühl des Kontrollverlustes zu vermeiden, zu umgehen oder zu durchbrechen. Anfangs mag es entlastend und erleichternd wirken, Stotterereignisse mithilfe von Tricks zu überspielen. Diese nicht dauerhaft wirksamen Strategien verlagern jedoch die Symptomatik von der Kern- zur Begleitsymptomatik, sie sind nicht lösungsorientiert und vergrößern negative Gefühle und negative Gedanken. Die fachlich als dysfunktionale (negative) Coping-Strategien bezeichneten Tricks unterteilen sich in Vorbeuge- und Ankämpfverhalten.

- **Vorbeugeverhalten.** Darunter fallen Tricks, die das Stottern bereits vor der Äußerung verstecken sollen. Viele stotternde Menschen antizipieren ihr Stottern, d.h. sie bemerken im Voraus, bei welchem Wort oder Laut sie vermutlich stecken bleiben werden. Vorbeugeverhalten können sprachliche Tricks sein, etwa das schnelle Austauschen von Wörtern („Ich möchte wissen, ob der äh Turnunterricht morgen ausfällt."), Wort- oder Satzteilwiederholungen zur Überbrückung des Kontrollverlustes („Ich möchte äh also äh ich möchte äh wissen, ob der, der, ob der, ob der Sportunterricht ausfällt."), Verstummen oder Verschweigen. Ebenso wird häufig situatives Vermeideverhalten beobachtet. Die Betroffenen werden im Unterricht als stille Schüler*innen wahrgenommen, die sich nicht bzw. sehr reduziert am Unterricht beteiligen und es vermeiden, vor größeren Gruppen oder mit bestimmten Personen zu sprechen. Aus zahlreichen Gesprächen wissen wir, dass es eine Gruppe stotternder Schüler*innen gibt, die schlechte mündliche Mitarbeitsnoten riskieren, aus Angst und Sorge vor einem Outing mit Stottern.
  → *Audiobeispiel 06*
- **Körperliches Ankämpfverhalten.** Wie beim Öffnen einer klemmenden Tür, wird mit erhöhtem Kraftaufwand versucht, das Stotterereignis zu durchbrechen. Beobachtet werden beispielsweise Grimassierungen, Augenzwinkern, Mitbewegungen des Rumpfes, des Kopfes oder der Extremitäten (Arme, Beine). Mit dem Versuch, gegen das Stottern anzuatmen, entstehen

auffällige Reaktionen wie z.B. überhastetes Ein- oder Ausatmen, Hochatmung oder Sprechen auf Restluft.

→ *Audiobeispiel 07*

- **Emotionale Belastung.** Viele stotternde Menschen entwickeln infolge des Stotterns negative Gefühle. Diese werden beispielsweise ausgelöst durch abwertende Reaktionen, ebenso wie erwartete, jedoch nicht persönlich erlebte negative Umweltreaktionen. Diese negativen Gefühle können zu einer innerlichen Stressbelastung führen und Ängste oder Schamgefühl auslösen. Andere emotionale Reaktionen sind u.a. Wut, Hilflosigkeit, Traurigkeit, Verzweiflung bis hin zu (Selbst-) Hass.
- **Gedankliche (kognitive) Belastung.** Darunter sind negative Gedanken zu verstehen, die z.T. in Gedankenkreisläufen verstärkt werden. Viele dieser belastenden, schweren Gedanken müssen nicht mit der Realität abgeglichen sein, und dennoch erwachsen sie oftmals zu einer starken Belastung, wie etwa: „Wenn ich mein Stottern offen zeige, gehöre ich nicht mehr zur coolen Gruppe"; „Wenn ich mich melde und dabei stottere, lachen mich alle aus"; „Durch mein Stottern wirke ich auf die anderen inkompetent, dumm oder zögerlich"; „Wenn ich stottere, bemitleiden die anderen mich, das finde ich furchtbar".

TIPP 2: Ankämpfverhalten erklären

Wie erklärt man stotternden Schüler*innen und deren Angehörigen das Ankämpfverhalten? Vielleicht so: „Stell dir vor, du bist in einem Zimmer und es bricht Feueralarm aus. Du möchtest so schnell wie möglich durch die Tür flüchten und weißt, dass auf der anderen Seite ein Keil die Tür geschlossen hält. Unter Zeitdruck und Angst stemmst du dich gegen die Tür, doch je mehr Kraft du aufwendest, desto mehr verkeilt sie sich. Eigentlich weißt du, dass sich der Keil ohne Kraftanstrengung und mit leichtem Druck verschieben ließe, doch der Stress ist so stark, dass du dein starkes Ankämpfen nicht verändern kannst. Mit aller Kraft stemmst du dich gegen die Tür. So ähnlich passiert es unbewusst beim Stottern auch und so sind z.B. Kopfmitbewegungen, Augenblinzeln, überhastete Atmung oder Anspannung des Kiefers bzw. der Zunge zu erklären."

1.3.3 Offene und verdeckte Symptome

Das Ausmaß der emotionalen und kognitiven Belastung ist für Außenstehende schwer zu erkennen. Dabei kann die Lebensqualität des Kindes beeinträchtigt sein, mit zum Teil dramatischen Auswirkungen auf das soziale Leben und den schulischen Erfolg.

Die Stärke der offenen, sichtbaren Kernsymptomatik lässt keinen Rückschluss auf die Höhe der nicht sichtbaren emotionalen Belastung zu. Stark stotternde Schüler*innen müssen also nicht unter einer größeren Belastung leiden als leicht stotternde Schüler*innen. Letztere wissen mit Hilfe der genannten Tricks ihr Stottern zwar besser zu verstecken, das Sprechen erscheint nach außen sogar flüssiger, doch sie geraten damit innerlich in höchste Not aus Sorge, als stotternde Person identifiziert zu werden.

Die dysfunktionalen Tricks werden anfangs bewusst eingesetzt und verändern sich zu unbewussten Automatismen. Das Ausweichverhalten wird meist als belastend erlebt, da es einer hohen kognitiven Anstrengung bedarf, das Stottern nicht zu zeigen und es unterhalb der Wasseroberfläche zu verstecken. Diese Tricks werden auch als negative bzw. dysfunktionale Coping-Strategien bezeichnet (siehe oben).

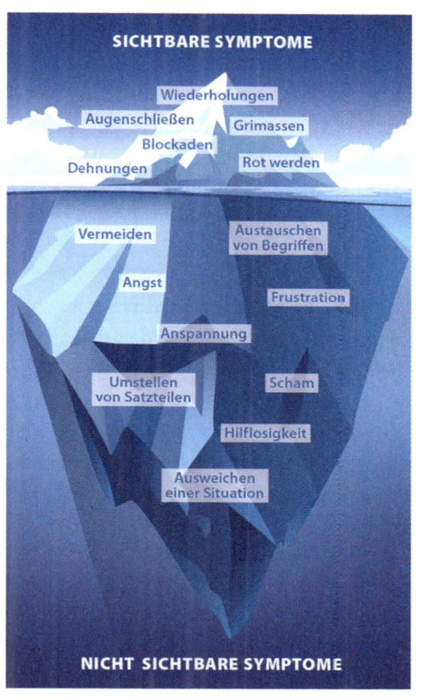

Abbildung 4: Eisberg-Metapher

Sheehan (1970) prägte zum besseren Verständnis die Eisberg-Metapher (*Abbildung 4: Eisberg-Metapher,* BVSS 2023).

Alle sichtbaren Symptome, also die Kernsymptome und das körperliche Ankämpfverhalten, sind für Außenstehende wahrnehmbar. Unterhalb der Oberfläche befinden sich – nicht sichtbar – psychoreaktive Begleitsymptome. Diese können in Summe als weitaus größere Belastung erlebt werden. Häufig wird Stottern auf unflüssiges Sprechen reduziert, ohne die darunter liegende psychosoziale Belastung zu erahnen.

Tipp 3: Fragebögen für Schüler*innen

Standardisierte Fragebögen geben Hinweise auf die Belastung stotternder Schüler*innen. Besprechen Sie mit dem betroffenen Schüler oder der Schülerin im Einzelgespräch, ob er oder sie einen Fragebogen ausfüllen möchte und ziehen Sie zuvor die Erziehungsberechtigten hinzu. Über den QR-Code gelangen Sie über weiterführende Links zum Fragebogen zum Sprechen (Cook 2013) sowie zum OASES-Fragebogen (Yaruss et al. 2016).

→ **www.demosthenes-verlag.de/ratgeber-stottern-schule**

Stottern ist nie gleich

Ausmaß und Häufigkeit der beschriebenen Symptome unterscheiden sich von Kind zu Kind. Das individuelle Stottern ist außerdem abhängig von verschiedenen Faktoren wie Ort, Zeit, körperliche Verfassung des Sprechers, Zeit- und Kommunikationsdruck, beispielsweise in Prüfungssituationen, Akzeptanz der Gesprächspartner*innen, Offenheit im Umgang mit Stottern, Angst- und Schamgefühlen. Wie sich die Schwankungen erklären lassen, wird im Kapitel *1.6 Modelle zur Sprechunflüssigkeit* dargestellt.

Tipp 4: Selbsterfahrung

Probieren Sie Folgendes aus, um die Gefühle und Gedanken eines Menschen mit Stottern selbst zu erfahren: Rufen Sie ein Geschäft an und fragen Sie nach den Öffnungszeiten. Dabei sollen Sie Stottern ankündigen und deutlich hörbar absichtlich stottern. Bleiben Sie dabei authentisch.
Notieren Sie Ihr Angst- und/oder Schamgefühl auf einer Skala von 0 (keine Aufregung) bis 10 (sehr hohe Aufregung) vor und nach dem Gespräch.

Aufregung vor dem Gespräch: 0---1---2---3---4---5---6---7---8---9---10

*„Guten Tag, mein Name ist xxxx xxxx und ich stottere. Ich **mö-mö-mö-möchte** gerne wissen, wie Ihre **Ö-ö-ö-ö-ö-öffnungszeiten** am **Sa-sa-sa-sa-sa-Samstag** sind - - - **Da-da-danke** und auf **Wi-wi-wi- wiedersehen.“***

Aufregung nach dem Gespräch: 0---1---2---3---4---5---6---7---8---9---10

Wie groß war Ihr Angst- oder Ihr Schamgefühl vor und nach dem Telefonat? Welche Gedanken hatten Sie? Wie hat Ihr Gegenüber am Telefon auf Ihr Stottern reagiert?
Haben Sie die Übungen tatsächlich ausprobiert? Falls nein: Weshalb nicht? Hat sich Ihr Angst-/Schamgefühl verändert (vor versus nach dem Telefonat)?

Gedanken: ____

____

Übrigens: In der Therapie des Stotterns werden solche, als „In-vivo-Übungen“ bezeichnete Übungen zur Desensibilisierung gegen negative Gefühle und gegen negative Gedanken regelmäßig durchgeführt. Ein Instrument ist die Ankündigung des Stotterns.

Wie haben Sie die Ankündigung empfunden?
Führen Sie eine weitere In-vivo-Übung mit Ankündigung und absichtlichem Stottern bei Ihrem nächsten Einkauf in einer Bäckerei durch.

→ Ihr*e stotternde*r Schüler*in ist potentiell den ganzen Tag mit diesem Kontrollverlust konfrontiert, erlebt dabei häufig negative Gefühle und hat nicht – wie Sie – die Wahlmöglichkeit zu stottern bzw. flüssiger zu sprechen.

1.3.4 Abgrenzung zu anderen Sprechunflüssigkeiten

Normale Sprechunflüssigkeiten (oder auch funktionelle bzw. physiolcgische Unflüssigkeiten) sind von Stottern abzugrenzen. Darunter zählen all die Sprechpausen, Einschübe und Wort- oder Phrasenwiederholungen, die ein*e Sprecher*in benötigt, um den Satz zu planen und Zeit zu gewinnen. Kinder zwischen 2 und 5 Jahren benötigen mehr Planungszeit und überbrücken diese häufig mit Ganzwortwiederholungen: „Ich ich ich ich ich ich will noch spielen"; „Aber aber aber aber aber das Auto ist schneller". Mit zunehmendem Alter ändert sich diese Strategie. Beobachtbar sind beispielsweise Einschübe wie /äh/, /also/ oder Satzteilwiederholungen: „*Also, äh,* dann sind wir nach München gefahren, *äh, dann sind wir also nach München gefahren* und umgestiegen."

All diese Unflüssigkeiten haben eine Funktion: Sie signalisieren dem Gegenüber, dass die Äußerung noch nicht abgeschlossen ist und der*die Sprechende nicht unterbrochen werden möchte.

Länger anhaltende Unflüssigkeiten, eine Zunahme spannungsbehafteter Symptome oder eine auffällige Sprachentwicklung sollten diagnostisch abgeklärt werden.

Originäres Stottern (in Langform *originäres neurogenes nicht-syndromales Stottern* oder auch *idiopathisches Stottern*) bezeichnet das ohne Anlass oder ohne unmittelbar vorliegende Ursachen in der Kindheit entstandene Stottern. Spricht man umgangssprachlich von Stottern, so ist das originäre Stottern gemeint.

Wie oben erwähnt, tritt Stottern meist zwischen dem 3. und 6. Lebensjahr auf und sehr viele Kinder (ca. 80 %) verlieren im Vorschulalter ihr Stottern wieder.

Die Unterform *originäres, neurogenes, syndromales Stottern* bezieht sich auf stotternde Menschen im Kontext mit Syndromen wie Trisomie 21.

Erworbenes Stottern tritt meist im Erwachsenenalter auf. Dieses Stottern ist *Folge* einer zugrunde liegenden Erkrankung oder Schädigung. Man unterscheidet zwischen

- neurogenem Stottern, welches nach Hirnschädigungen oder als Folge von Drogenmissbrauch auftritt, sowie

- psychogenem Stottern infolge einer zugrunde liegenden psychiatrischen Grunderkrankung oder infolge eines traumatischen Erlebnisses.

Erworbenes Stottern ist im Kindesalter äußerst selten, weshalb es kaum in der Schule vorzufinden ist.

Poltern äußert sich durch überhöhte bzw. irreguläre Sprechrate mit einem Spektrum zusätzlicher Komponenten wie phonetische Auffälligkeiten und Unflüssigkeiten. Poltern wird als überhastetes, meist auch als verwaschenes und undeutliches Sprechen wahrgenommen. Menschen mit Poltern können in ihrer Kommunikation stark beeinträchtigt sein, da sie von Gesprächspartnern oftmals nicht (richtig) verstanden werden (Kunz & Beier 2022).

Tipp 5: Infos Poltern
Information und Material gibt es auf der englischsprachigen Website der International Cluttering Association und einem deutschsprachigen Poster „Was ist Poltern?"
Der QR-Code führt Sie zur Online-Seite des Ratgebers mit weiteren Informationen.
→ www.demosthenes-verlag.de/ratgeber-stottern-schule

1.4 Stottern erkennen

1.4.1 Begleiterscheinungen im schulischen Kontext

Stotternde Kinder und Jugendliche werden nicht immer identifiziert. 95 % der stotternden Schüler*innen erfahren in der Schule keine spezifische Unterstützung (Benecken & Spindler 2004). Eine kleine, nicht repräsentative Umfrage mit belgischen Lehrkräften wies zudem auf bestehende Unsicherheiten im Umgang mit stotternden Jugendlichen hin. Die meisten Lehrer*innen wussten wenig über konkrete unterstützende Angebote, gaben kontraproduktive Tipps („Lass dir Zeit") oder wussten nicht, ob beispielsweise der Augenkontakt aufrechterhalten werden sollte. Ebenso waren viele der Meinung, dass Stottern kein Problem darstellen würde, wenn der Unterricht dadurch nicht behindert wird (Adriaensens & Struyf 2016 zitiert nach Neidlinger et al. 2016).

Es ist nicht erkennbar, welches Schulkind mit Stottern unter einer psychosozialen Belastung leidet und welchen Umgang es sich wünscht. Generell steht die BVSS für einen offenen, wertschätzenden und enttabuisierenden Umgang mit Stottern, der häufig entlastend sein kann.

In *Tabelle 2* findet sich eine Übersicht zu Begleiterscheinungen, die auf verdecktes Stottern hinweisen können (Tricks wie Vorbeugeverhalten bzw. dysfunktionale

Coping-Strategien → *1.3.2 Kern- und Begleitsymptomatik*). Es handelt sich dabei nicht um eine Punktetabelle, mit der Stottern identifiziert werden kann, und ist entsprechend zurückhaltend zu bewerten. Stottern passt in kein Raster und ist sehr individuell ausgeprägt. Wir empfehlen im Falle eines Verdachts das Thema behutsam unter Einbezug der Angehörigen zu thematisieren.

	Begleiterscheinung	Erklärung	Beispiel
Sprachliches Vorbeugeverhalten	Starter	Vor einem antizipierten Stottern wird ein Startwort benutzt (äh, also etc.).	Die Haupt äh stadt von äh, äh, Italien, äh ist, also, äh, Rom.
	Pausen	Es werden inadäquate, nicht funktionelle Pausen gesetzt.	Die ---------------- Haupt-----stadt von ----------Italien ist ------Rom.
	Paraphrasierungen	Vor antizipiertem Stottern werden Füllsätze eingebaut.	Die, also ich meine so, da war ich im Urlaub, die Hauptstadt, ich war da schon, Rom, also in Italien.
	Synonymisierungen	Gefühlt nicht stotterfrei aussprechbare Wörter oder Laute werden schnell ausgetauscht.	Die H… Kapitale von …dem Land, in dem Zitronen blühen, ist Madrid, nein, Rom.
	Kurze Äußerungen	Es werden möglichst kurze Antworten gegeben.	Auf die Aufforderung: „Nenne mir eine europäische Hauptstadt!", folgt die knappe Antwort: „Italien, Rom".
	Schweigen	Eine schlechte Benotung wird ggf. in Kauf genommen.	Schüler*in vermeidet/verweigert trotz vorhandenen Wissens die Antwort, gestikuliert, weicht aus, reagiert mit einer Übersprungshandlung.
	Veränderte Stimmlage	Die Stimme wird unnatürlich gefärbt.	Wie ein Kleinkind sprechen, Stimme verstellen, eine sprachliche Rolle übernehmen.
	Satzabbrüche	Bei antizipierten Stotterereignissen bricht der*die Sprecher*in ab.	Die Haupt… äh. Keine Ahnung.

Tabelle 2: Begleiterscheinungen des Stotterns (Fortsetzung auf der folgenden Seite)

	Begleiterscheinung	Erklärung	Beispiel
Vermeideverhalten	**Personenbezogen**	Sprechen erfolgt nur mit vertrauten Personen (-gruppen).	Z.B. nur in kleineren Gruppen, nicht vor Respektspersonen, nicht vor Fremden, nur mit engen Freunden, nur mit Familienmitgliedern
	Situationsbezogen	Sprechen erfolgt nur an sicheren Orten bzw. in ebensolchen Situationen (Safe-Place).	Z.B. Auf dem Pausenhof, aber nicht im Klassenraum; aufgerufen zu werden, Reihenvorlesen oder der Reihe nach sprechen (zu müssen) ist höher belastet.
	Laut- oder wortbezogen	Einige stotternde Menschen entwickeln Laut- oder Wortängste.	Vermeiden von bestimmten Wörtern oder Lauten. Häufig ist der eigene Vor- und/oder Nachname betroffen.
Ankämpfverhalten	**Mitbewegungen (Gesicht)**	Mitbewegungen sind eine Reaktion auf das Stottern.	Z.B. blinzeln, Lippen zusammenpressen, Mund aufreißen.
	Veränderte Stimmqualität	Gepresste bzw. brüchige Stimmqualität kann eine Reaktion auf das Stottern sein.	Mitunter besonders in anspruchsvollen Gesprächssituationen (vor der Klasse sprechen, ausgefragt werden).
	Auffällige Atmung	Eine auffällige Atmung ist eine Reaktion auf das Stottern und NICHT Ursache des Stotterns.	Überhastete Ein- oder Ausatmung, Sprechen auf Restluft, inspiratorisches Sprechen.
Schulisches Verhalten	**Leistungsgefälle**	Es besteht eine Differenz zwischen schriftlicher und mündlicher Leistung.	In mündlichen Beteiligungen (Mitarbeit, Abfragen, Referat) bleibt der*die Schüler*in unter dem individuellen Leistungsniveau.
	Verhaltensauffälligkeiten	Der*die Schüler*in verhält sich situativ (auffällig) unterschiedlich.	Starke Redeanteile mit anderen Kindern (z.B. im Pausenhof, im Unterricht), jedoch wenig bis keine Äußerungen im Unterrichtskontext (mündliche Beiträge, Vorlesen, Referat).

Tabelle 2: Begleiterscheinungen des Stotterns

Tipp 6: Check: Wie viele stotternde Schüler*innen sind in meiner Schule?

A) Wie viele stotternde Schüler*innen haben Sie in den letzten Jahren in Ihrem Unterricht wahrgenommen? ____________

B) Wie viele Schüler*innen haben Sie in dieser Zeit ca. unterrichtet?

____

C) Check: So viele stotternde Schüler*innen waren vermutlich tatsächlich in Ihrem Unterricht (statistischer Wert).

Sie unterrichten in den Jahrgangsstufen
→ **1-4?** Dann multiplizieren Sie Ihre Schülerzahl mit 0,04.
Rechnung: Ergebnis aus B) x 0,04 = ____________
→ **ab Jahrgangsstufe 5?** Dann multiplizieren Sie Ihre Schülerzahl mit 0,015.
Rechnung: Ergebnis aus B) x 0,015 = ____________

D) Stimmen die Zahlen aus A) und C) überein?

E) Wie viele Schüler*innen (gesamt) gehen auf Ihre Schule? ____________
Multiplizieren Sie diese Zahl mit den Faktoren aus C): So viele stotternde Schüler*innen gibt es vermutlich an Ihrer Schule (statistischer Wert):
Rechnung: Ergebnis aus E) x 0,04 bzw. 0,015 = ____________

Inzidenz und Prävalenz → *1.3.1 Entstehung und Verlauf*

1.4.2 Screeningverfahren für Kinder bis 7 Jahre

Online frei verfügbare Screeningverfahren sind für Laien konzipiert und können von Angehörigen, Lehrer*innen etc. selbständig ohne Beisein des Kindes durchgeführt werden. Im schulischen Kontext ist anzuraten, Angehörige des Kindes vorab zu informieren und deren Einverständnis einzuholen. Screeningverfahren haben das Ziel, normale Unflüssigkeiten von Stottern zu unterscheiden und unterstützen die Entscheidungsfindung für das weitere Vorgehen:

- Ist keine Intervention erforderlich, da Stottern ausgeschlossen wird,
- kann abgewartet werden (inkl. Wiedervorstellung), da noch eine Remission erfolgen kann und das Kind bzw. die Eltern keine Belastung zeigen
- oder soll mit einer Therapie begonnen werden und zur weiteren Abklärung eine Diagnostik erfolgen (→ *1.3.4 Abgrenzung zu anderen Sprechunflüssigkeiten*)?

Tipp 7: Screeninginstrumente
Es liegen online und frei verfügbar zwei Instrumente vor:
- **Redeflusskompass** (Kohler & Braun 2020), für Kinder von 2-6 Jahren sowie
- **SLS Screening Liste Stottern** (Schneider 2003), für Kinder von 2-7 Jahren

Der QR-Code führt Sie zur Online-Seite des Ratgebers.

1.4.3 Weiterführende Diagnostik

Differenzierte Diagnostiken werden von Ärzten und Ärztinnen (aus den Bereichen HNO, Phoniatrie, Pädiatrie) oder spezialisierten Sprachtherapeut*innen erstellt. Letztere erheben eine ausführliche Befundung und beraten u.a. zu Therapieindikation und -verfahren.

Tipp 8: Spezialisierte Therapeut*innen
Ein Verzeichnis mit auf Stottern spezialisierten Sprachtherapeut*innen finden Sie auf der Website der Interdisziplinären Vereinigung der Stottertherapeuten e.V. (ivs)
Der QR-Code führt Sie zur Online-Seite des Ratgebers.

1.5 Ursachen

Auf den Einzelfall bezogen lassen sich selten konkrete Ursachen identifizieren, die erklären, weshalb ein Kind zu stottern beginnt. Es finden sich jedoch zahlreiche Hinweise auf organische (neurologische) Ursachen, ebenso auf eine genetische Disposition. Umwelteinflüsse können sich verstärkend, aber auch mildernd auf die Kern- und Begleitsymptomatik auswirken und tragen zur Variabilität des Stotterns bei (→ *1.6 Modelle zur Sprechunflüssigkeit*). Psychiatrische Grunderkrankungen sind beim originären Stottern als Ursache auszuschließen, können jedoch als Folgereaktion auf das Stottern entstehen. In Bezug auf die Intelligenz besteht kein Unterschied zwischen stotternden und nicht stotternden Menschen.

Organische Ursachen

Bildgebende Untersuchungsverfahren zeigen, dass bei stotternden Erwachsenen neuronale Steuerungsmechanismen gestört und Aktivierungsmuster im Gehirn erkennbar anders sind, als bei der nicht stotternden Vergleichsgruppe. Bei stotternden Menschen sind zahlreiche neurologische Korrelate in der linken Gehirnhälfte zu beobachten, die für Sprache und Sprechen verantwortlich sind.

Ein prominenter Befund ist beispielsweise die geringe Faserdichte der weißen Substanz in der Region des linkshemisphärisch gelegenen Motorcortex. Dieser soll – vereinfacht und modellhaft – als Mikrochip beschrieben werden, der die Artikulationsbewegung steuert. Dieser Chip ist bei Menschen mit Stottern funktionsfähig. Die weiße Substanz, die im gesamten Gehirn u.a. für die schnelle Datenübertragung zuständig ist (ähnlich eines LAN-Kabels), überträgt die Information aufgrund reduzierter Durchlässigkeit jedoch nicht schnell genug. Die Artikulationsbewegung kann in der Folge nicht korrekt ausgeführt werden. Dies führt zu Stotterereignissen, ähnlich wie bei einem ruckelnden Film, der mit zu geringer Übertragungsrate gestreamt wird.

Daneben gibt es zahlreiche weitere neurologische Befunde, wie eine Überaktivität in Arealen der rechten Gehirnhälfte. Dies wird als kompensatorischer Folgeeffekt interpretiert (Chang et al. 2008, Civier et al. 2015, Garnett et al. 2019), so als ob die rechte Gehirnhälfte die Aufgaben der linken Gehirnhälfte übernehmen möchte.

Tipp 9: Video zu neurologischen Ursachen

Der Neurologe Martin Sommer erklärt in dem auf YouTube veröffentlichten Vortrag „Ist Stottern Gehirnsalat im Kopf?" (2019) anschaulich die wichtigsten neurologischen Ursachentheorien. Der QR-Code führt Sie zur Online-Seite des Ratgebers.

→ www.demosthenes-verlag.de/ratgeber-stottern-schule

Rückmeldeprozesse

Daneben sind Unterschiede in den für das Sprechen notwendigen Rückmeldeprozessen der auditiven Verarbeitung zwischen stotternden und nicht stotternden Menschen zu beobachten. Das sprechmotorische (sensorische) Rückmeldesystem gesprochener Sprache scheint bei stotternden Menschen zeitlich verzögert zu sein (Lee 1950, Neef et al. 2015). Gesprochene Sprache wird ständig überwacht, dabei werden kleine Fehler schnell korrigiert (Monitoring). Die verzögerte Rückmeldung ist, so die Annahme, wohl auch für das Auslösen von Stotterereignissen mitverantwortlich.

Vererbbarkeit

Es gibt deutliche Hinweise auf eine genetische Disposition. Zum einen haben 70 % aller Betroffenen stotternde Verwandte. Zum anderen sind eineiige Zwillinge häufiger von Stottern betroffen als zweieiige. Jedoch wurde kein einzelnes „Stotter-Gen" identifiziert, vielmehr fallen mehrere Genorte (sogenannte Loci) auf. Es wird von einer Wechselwirkung genetischer und umweltbezogener Faktoren ausgegangen. Das Risiko einer Chronifizierung (→ *1.3.1 Entstehung und Verlauf*) scheint durch eine familiäre Disposition erhöht zu sein (Natke & Kohmäscher 2020, Neumann et al. 2016).

1.6 Modelle zur Sprechunflüssigkeit

Breakdown

Auch wenn zahlreiche klinische Befunde vorliegen, wäre es zu vereinfacht, die Ursache des Stotterns allein auf neurologische oder genetische Besonderheiten zu reduzieren. Dafür ist Sprache und Sprechen zu komplex. Es bedarf eines gut koordinierten Zusammenspiels von neuronaler Leistung zur Steuerung der Artikulationsbewegung, der sprechmotorischen Umsetzung (Atmung, Phonation und Artikulation), von geistig-intellektuellen Prozessen (Wortschatz, Syntax, Gedächtnis und Denken, Aufmerksamkeit) sowie sozialer und emotionaler Faktoren (Bedürfnisse des Kommunikationspartners zu verstehen, eigene Gefühle wie Freude, Wut, Angst, Scham). Bei einer Überlastung des komplexen Systems kommt es zum Zusammenbruch (Breakdown) des Sprechens in Form von Stotterereignissen (Natke & Kohmäscher 2020). Dies beschreibt das 3-Faktoren-Modell anschaulich.

3-Faktoren-Modell

Nahezu alle stotternden Menschen berichten von teils sehr starken Schwankungen ihrer Sprechunflüssigkeiten. Mal spricht man flüssig, in einem anderen Moment treten starke Symptome auf. Das 3-Faktoren-Modell (Packman 2012, Sandrieser 2017) beschreibt diese Dynamik.

Die Idee des Modells ist: Drei Faktoren müssen einen Schwellwert erreichen, um Stottern auszulösen (*Abbildung 5: 3-Faktoren-Modell* (Braun & Kohler 2023, S.9)):

1. Voraussetzung für Stottern ist die körperliche Ursache, respektive das neurologische Defizit (→ *1.5 Ursachen*).
2. Als Auslöser des Stotterereignisses benötigt es Trigger wie das Betonungsmuster oder die sprachliche (linguistische) Anforderung. Beispielsweise stellt die Benennung einzelner Wortkarten eine deutlich geringere linguistische Anforderung dar als ein freier Vortrag über Magnetismus. Im fremdsprachlichen Unterricht erfordert die Betonung von Vokabeln deutlich mehr Kapazitäten als beispielsweise rhythmisiertes Sprechen, Singen oder Sprechen im Takt (Glück & Thum 2022).
3. Modulierende Faktoren können als Aufregungsgrad (Arousal) beschrieben werden. Sie werden durch die Anforderungen (z.B. Kommunikationssituation) sowie die individuellen Kapazitäten (Tagesform, emotionale Stabilität, Kontrolle der Sprechmotorik) beeinflusst. Begünstigende Faktoren für flüssiges Sprechen sind beispielsweise ein vertrautes Umfeld, Selbst- und Eigenakzeptanz, Resilienz gegenüber Störfaktoren und körperliche Entspanntheit. Ein erhöhtes Arousal wäre hingegen durch das Gefühl von Angst und Scham, hohe Anforderung an sich selbst, Müdigkeit oder Angespanntheit zu erwarten.

Abbildung 5: 3-Faktoren-Modell (Braun & Kohler 2023, S.9)

Die beiden Faktoren *Trigger* und *Arousal* unterliegen großen Schwankungen, sie sind zeit- sowie situationsabhängig. So kann ein Schüler auf dem Pausenhof flüssig sprechend erlebt werden, während er 15 Minuten später im Unterricht bei Wortmeldungen, beim Referat oder beim lauten Vorlesen deutlich stärkeren Stotterereignisse ausgesetzt ist.

Das Modell kann für Angehörige und Betroffene, die sich die Schuld am Stottern zuschreiben, entlastend wirken.

Tipp 10: Das 3-Faktoren-Modell in der Beratung

Das 3-Faktoren-Modell eignet sich in der Beratung stotternder Schüler*innen und Angehöriger und bietet sich als Gesprächsgrundlage für den Nachteilsausgleich an. Beispielsweise wird mit den Betroffenen gemeinsam erarbeitet, wie Prüfungssituationen individuell zu gestalten sind. Im ersten Schritt wird erarbeitet, welche Trigger auslösenden Charakter haben können (z.B. Aussprache im Fremdsprachenunterricht, betontes Vorlesen einer Geschichte, empfundene Angstwörter oder -laute) und welche Situationen als besonders stressig empfunden werden (z.B. vor der Klasse stehen, der Reihe nach vorlesen). Im nächsten Schritt werden Alternativen vereinbart (z.B. die Aussprache wird nicht bewertet, Wörter dürfen auch notiert werden, Reihenvorlesen wird nicht mehr angeboten). Ziel der angepassten Bedingungen ist es, Trigger und Arousal möglichst gering zu halten und so die Teilhabe am Unterricht zu gewährleisten. Weitere Informationen zur Gestaltung im Unterricht (→ *3.7 Nachteilsausgleich* und → 4 *Unterstützung stotternder Schüler*innen*).

1.7 Mythen – der Faktencheck

Über Stottern kursieren zahlreiche Glaubenssätze und Mythen. Hier der Mythen- bzw. Faktencheck (BVSS 2023):

Mythen-Check 1 – Wir stottern doch alle mal, das kenne ich!
→ Richtig ist – Stottern ist kein gelegentliches Verhaspeln.

Alle Menschen versprechen sich ab und zu oder suchen nach Worten. In der Regel geschieht dies in sehr aufregenden, stressigen Situationen – man verhaspelt sich tatsächlich nur aus der Emotion oder Belastung heraus, in diesem Moment. Diese Ereignisse werden leider oft mit Stottern gleichgesetzt (→ *1.3.4 Abgrenzung zu anderen Sprechunflüssigkeiten*).

Menschen mit Stottern müssen zwar ebenfalls nicht in jedem Satz oder Wort stottern, aber in sehr vielen unterschiedlichen Situationen. Ein weiterer wichtiger Unterschied: Stotternde wissen genau, was sie sagen wollen! Ihnen fehlen nicht die Worte, sondern sie erleiden beim Sprechen einen motorischen Kontrollverlust. Aufregung und Stress sind nicht die zugrundeliegende Ursache, können die Symptome aber verstärken (→ *1.3 Was ist Stottern?*)

Mythen-Check 2 – Wer stottert, hat ein Trauma erlebt!
→ Richtig ist – Stottern entsteht in der Kindheit, einfach so.

Tatsächlich ist ein psychogenes Stottern, das aufgrund von traumatischen Erlebnissen entstehen kann, äußerst selten und kommt im Kindesalter so gut wie gar nicht vor. Die Annahme, dass Stotternde einen Schock erlebt haben müssen oder eine „schlimme Kindheit" hatten, rührt meist daher, dass Anlässe kurz vor dem erstmaligen Auftreten des Stotterns als Ursache missverstanden werden. Auch kann niemand für das Stottern verantwortlich gemacht werden. Stottern entsteht nicht durch „Erziehungsfehler".

Beispiel.
Die dreijährige Mina beginnt zu stottern. Kurz vorher kam ihr Bruder Paul zur Welt. Mina muss die Aufmerksamkeit ihrer Eltern jetzt teilen und das gefällt ihr gar nicht. Da sie jedoch eine genetische Veranlagung zu Stottern in sich trägt, hätte auch jedes andere Erlebnis ihr Stottern „hervorrufen" können. Es besteht kein ursächlicher Zusammenhang mit der Geburt des Bruders. Aus ihrem Empfinden heraus wird Minas Familie erzählen: „Das Stottern fing an, als Paul auf die Welt kam..." – und damit geben sie den Mythos, dass Stottern durch eine belastende Situation verursacht wird, unbewusst weiter (→ *1.5 Ursachen*).

Mythen-Check 3 – Wer stottert, ist schüchtern oder dumm!
→ Richtig ist – Stottern ist nicht an Persönlichkeitsmerkmalen gebunden.

Einige Verhaltensweisen werden beobachtet und falsch interpretiert. Filme und

Bücher, in denen „der Stotterer" als schräge Type – egal ob liebenswert oder sonderbar – dargestellt wird, halten überholte Vorurteile zusätzlich am Leben. Stotternde Menschen haben keine besonderen Persönlichkeitsmerkmale.

Allerdings können stotternde Menschen unter anderem schüchtern wirken, weil sie sich aus Scham zurückhalten und schweigen.

Mehr Informationen zum Vermeideverhalten → *1.3.2 Kern- und Begleitsymptomatik*

Mythen-Check 4 – Wer stottert, muss nur richtig atmen!

→ Richtig ist – Atemtechniken lassen sich selten durchhalten.

Die Herausforderung jeder Stottertherapie besteht darin, das Erlernte dauerhaft im Alltag anzuwenden. Stottern lässt sich mit einfachen Änderungen der Atmung oder des Rhythmus (und somit der Sprechweise) zwar rasch vermindern und in TV-Berichten oder im Netz sieht man entsprechende Vorher-Nachher-Videos. Diese Vorgehensweise ist jedoch in der Regel bei den meisten Betroffenen langfristig für den Alltagsgebrauch ungeeignet.

Die Arbeitsgemeinschaft der Wissenschaftlichen Medizinischen Fachgesellschaften (AWMF) spricht für Atemtechniken, Hypnose, Naturheilkunde und weitere, hier nicht aufgeführte Angebote zur Behandlung von Stottern eine negative Empfehlung aus (Neumann et al. 2016) (→ *2 Stottertherapie*).

Mythen-Check 5 – Bei stotternden Kindern einfach abwarten!

→ Richtig ist – Spontanheilung lässt sich nicht vorhersagen.

Es stimmt zwar, dass die meisten Kinder nur eine Zeit lang stottern. Aber leider lässt sich die Wahrscheinlichkeit für eine Spontanheilung oder das Verbleiben des Stotterns nicht verlässlich vorhersagen. In jedem Fall empfehlen deshalb auch Fachleute eine Frühdiagnostik sowie eine fachliche Beratung der Eltern. Eine frühe sprachtherapeutische Behandlung stotternder Kleinkinder – ohne das Wissen, ob das Stottern dauerhaft sein wird oder nicht – hat zum Beispiel auch zum Ziel, dem Kind die Sprechfreude zu erhalten. Es soll sich erst gar nicht für sein Stottern schämen oder verzweifelt dagegen ankämpfen. Bleibt das Stottern dann bei dem Kind dauerhaft, ist es durch die Therapie besser gewappnet und hat im Idealfall noch keine zusätzlichen Symptome entwickelt. Und geht das Stottern wieder weg, war die Behandlung kein Schaden für das Kind.

Mehr Informationen: *1.3.1 Entstehung und Verlauf*

Mythen-Check 6 – Atme tief durch, dann geht es schon!

→ Richtig ist – Bitte keine Ratschläge.

Aufforderungen wie „Atme tief durch" oder „Denk nach, bevor du sprichst" sind sicher gut gemeint, helfen Stotternden jedoch nicht wirklich. Stattdessen können sie den ohnehin bestehenden Druck, jetzt auf jeden Fall flüssig sprechen zu müssen, unnötig erhöhen.

Ungebetene Ratschläge nerven tatsächlich und machen ärgerlich – vermutlich jeden Menschen. Und weil Stotternde im Alltag viele dieser Tipps hören und lesen, wiederholen wir uns hier ebenfalls: Stottern liegt nicht ursächlich daran, dass die Person aufgeregt ist oder nicht wüsste, was sie sagen will. Stottern ist eine neurologisch bedingte Störung des Sprechens.

Mythen-Check 7 – Stottern ist peinlich, bloß nicht drüber reden!

→ Richtig ist – Offenheit entmachtet das Stottern.

Für Stottern wird fast immer Scham empfunden, denn es passt nicht in die vermeintliche Norm. Zugegeben, es braucht eine große Portion Mut, aber die Erfahrung vieler Menschen mit Stottern ist: Es befreit enorm, wenn man sich nicht mehr versteckt und lieber stottert als schweigt. Die Katze ist dann aus dem Sack und das Tabu gebrochen – selbstbestimmt. Kein anstrengendes Vertuschen und Vermeiden mehr oder zumindest weniger.

Oftmals werden auch nicht stotternde Menschen im Gespräch entspannter, wenn sie merken, dass das Gegenüber möglichst gelassen ist. Je öfter Menschen eine Person mit Stottern hören, umso mehr gewöhnen sie sich daran.

Übrigens — Die Empfehlung an Eltern, das Stottern ihres Kindes bloß nicht anzusprechen, ist längst widerlegt. Hilfreicher ist es, wenn Mutter und Vater offen damit umgehen, das Kind mit seiner Art zu sprechen akzeptieren und es dabei unterstützen, nicht dagegen anzukämpfen.

Mehr Informationen, wie Lehrer*innen auf Stottern reagieren können: *4.3.4 Schüler*innen-Ebene*

Mythen-Check 8 – Das Kind wächst mehrsprachig auf und ist damit überfordert.

→ Richtig ist – Stottern ist nicht die Folge eines mehrsprachigen Spracherwerbs.

Bei mehrsprachigen Kindern kann tatsächlich eine Sprache stärker von Stottern betroffen sein als die andere(n). Teilweise wird sogar beobachtet, dass bei zunehmender Komplexität der Sprachen während des Spracherwerbs Stottern verstärkt auftritt. Dies ist gut mit dem 3-Faktoren-Modell erklärbar (→ *1.6 Modelle zur Sprechunflüssigkeit*). Durch die sprachlich komplexere Anforderung kann Stottern häufiger auftreten. Mit zunehmender Sprachkompetenz stellt Mehrsprachigkeit keine höhere linguistische Anforderung mehr dar. Zudem wäre der Ratschlag, dass das Kind ausschließlich in der Umgebungssprache sprechen oder gar eine Sprache aufgeben soll, ethisch nicht verantwortbar. Man würde dem Kind einen kulturellen und biographischen Aspekt, die Familiensprache, vorenthalten.

Mythen-Check 9 – Stottern ist ansteckend.

→ Richtig ist – Stottern ist weder ansteckend, noch wird es durch Imitation übernommen.

Auch während der Phase des Spracherwerbs wird Stottern nicht von anderen Kindern imitiert, angelernt oder adaptiert (übernommen). Die Ursachen des Stotterns sind inzwischen gut erforscht (→ *1.5 Ursachen*).

Mythen-Check 10 – Mit der richtigen Therapie ist Stottern heilbar.

→ Richtig ist – Stottern ist im Kindesalter heilbar. Danach chronifiziert es jedoch.

Wie beschrieben, beginnen 5 % aller Kinder im Alter zwischen ca. 2,5 und 5 Jahren zu stottern. Davon verlieren 80 % ihr Stottern wieder, es kommt zu einer Remission (Spontanheilung). Wenn Risikofaktoren vorliegen, erschweren sie eine Spontanheilung. Ab dem ca. 12. Lebensjahr erscheint eine Heilung als nahezu ausgeschlossen, obgleich Einzelfälle beobachtbar sind (→ *1.3.1 Entstehung und Verlauf*). Unmittelbar nach dem ersten Auftreten von Stottern kann eine Therapie die Spontanremission unterstützen. Je länger das Stottern beobachtet wird und je älter die stotternde Person ist, desto mehr muss von chronischem Stottern ausgegangen werden. In diesem Fall wird eine Heilung realistischerweise als nicht erwartbar angenommen, auch um keine falschen Hoffnungen zu schüren. Stottern ist dann noch immer gut behandelbar, aber nicht heilbar. Unseriöse Therapieverfahren behaupten, dass Stottern vollständig geheilt werden kann. Dies ist wissenschaftlich nicht haltbar (→ *2.3 Seriöse Therapieverfahren*).

Mythen-Check 11 – Wenn du deine Sprechtechniken mehr übst, sprichst du besser.

→ Richtig ist – Sprechen ist nicht durchgehend und dauerhaft kontrollierbar.

Es klingt tatsächlich einleuchtend: Würde man die in der Therapie gelernten Sprechtechniken mehr üben, so sollte doch das flüssigere Sprechen besser klappen. Auch wenn es Hinweise darauf gibt, dass eine Übungsroutine zu einer höheren Sprechsicherheit verhelfen kann, und auch wenn viele Therapieprogramme eigeninitiatives Üben einfordern, so ist Stottern doch komplexer, als dass es mit einem einfachen Black-Box-Prinzip (Input – Verarbeitung – Output) therapiert werden könnte. Stottern kann ohne erkennbare Gründe in bestimmten Momenten manifest und unveränderbar sein. Der Hinweis, mehr Therapietechniken anzuwenden bzw. zu üben, ist meist nicht hilfreich und kann im Moment des Kontrollverlustes zusätzlich Druck erzeugen und die stotternde Person frustrieren. Jeder stotternde Mensch soll außerdem selbstbestimmt entscheiden dürfen, wann und wie oft Sprechtechniken angewendet werden.

Tipp 11: Mythen-Check als Flyer
Dieser Text des Faktenchecks basiert größtenteils auf einer Broschüre der BVSS *„Faktencheck Stottern"* (BVSS 2023) und ist kostenfrei erhältlich als Print-Broschüre oder als PDF-Download.
Das Material eignet sich zur Verwendung für die gesamte Schulklasse und als Informationsmaterial für Elternabende.
Der QR-Code führt Sie zur Online-Seite des Ratgebers.
→ **www.demosthenes-verlag.de/ratgeber-stottern-schule**

1.8 Falldarstellungen

Anna, 16 Jahre: **Manchmal fühle ich mich ganz klein**

Mich nervt total, dass mein Stottern einfach kommt. Ich verliere in diesem Moment die Kontrolle über das Sprechen und kann nicht einmal sagen, dass es in bestimmten Situationen häufiger auftritt. Es fühlt sich echt besch*** an, wenn man plötzlich an einer Stelle hängt und alle schauen einen dabei an. Eigentlich bin ich ganz gut in der Klasse integriert, ich fühle mich akzeptiert und war letztes Jahr sogar Klassensprecherin. Ehrlich gesagt schwätze ich auch ganz gerne im Unterricht, was für die Lehrer nicht so nice ist, das gebe ich gerne zu. Auch in der Pause und im Sportunterricht bin ich eher eine der lauteren und aktiveren Schülerinnen. Was meine Lehrer nicht verstehen ist, dass ich mich im Unterricht manchmal ganz klein und angreifbar fühle. Und zwar in den Momenten, in denen ich Angst habe, dass mein Stottern stark ausbrechen könnte. Ich spüre dann mein Stottern, als ob ein wildes Tier in mir wäre. Ich weiß aber nicht genau, wo und wann es mich anspringen wird. Das passiert zum Beispiel, wenn ich plötzlich aufgerufen werde oder eine Textaufgabe vorlesen soll oder, ganz schlimm, wenn ich Vokabeln abgefragt werde. Dann kann ich schwierige Stotterwörter nicht mal austauschen, denn es gibt ja nur das eine Wort dafür. Das stresst mich total und ich habe tierisch Angst, dass mein Stottern so stark ist, dass alle lachen. Das wäre mega peinlich. Deshalb habe ich schon öfters so getan, als wüsste ich die Antwort nicht und habe dafür sogar schlechtere Mitarbeitsnoten erhalten.
Seit einem Jahr habe ich den Nachteilsausgleich und sogar im Biologieunterricht ein Referat über Stottern gehalten. Jetzt wissen alle, was Stottern ist und dass ich manchmal länger brauche. Eine Lehrerin jedoch, mit der ich mich nicht so gut versteh, nimmt mich dennoch immer wieder dran, ruft mich auf und fragt mich vor der Klasse ab. Sie meint, dass ich sonst ja auch eine große Klappe habe und deshalb auch vor allen ausgefragt werden kann, so wie die anderen auch. Ich geb' ja zu, dass ich bei ihr nicht immer die bravste Schülerin bin, jedoch würde ich mir von ihr wünschen, dass sie mein Stottern professioneller wahrnimmt und es nicht als

Druckmittel missbraucht. So kommt es mir zumindest manchmal vor. Wegen ihr schlafe ich sogar ab und an schlecht, weil ich weiß, dass ich sie am nächsten Tag wieder haben werde und wieder von ihr aufgerufen werden könnte.

Annas Eltern: **Die meisten Lehrer und Lehrerinnen sind offen – mit einer Ausnahme**

Es ist toll zu sehen, wie Anna in den letzten beiden Jahren besser zu ihrem Stottern stehen konnte. Wir hatten den Eindruck, dass sie in der Pubertät ihre coole Phase hatte und deshalb ihr Stottern verstecken wollte und es nicht akzeptieren konnte. Nun geht sie viel entspannter damit um und es gelingt ihr, ihr Stottern besser zu akzeptieren. Das war ein wichtiger therapeutischer Schritt, denn nur so konnten wir den Nachteilsausgleich beantragen. Zuvor lehnte sie es ab, weil sie kein „Sonderfall" sein wollte und weil sie damit ja auch geoutet worden wäre. Der Nachteilsausgleich hilft ihr also nicht nur in der Schule, sondern war auch für ihr Mindset wichtig.
Ganz ehrlich: Wir ärgern uns sehr über die eine Lehrerin, die den Nachteilsausgleich zwar vordergründig akzeptiert, Anna jedoch immer wieder aufgerufen und dabei schlechter benotet wird, obwohl Alternativen vereinbart wurden. Sie begründet es mit ihrer schlechteren Leistung, z.B. in einem Referat, das nicht so souverän vorgetragen worden sei. Alle anderen Lehrer und Lehrerinnen sind hingegen super offen, fragen immer wieder nach und gehen sehr auf Annas Bedürfnisse ein, besonders bei mündlichen Prüfungen. Das motiviert unsere Tochter, denn sie ist eigentlich eine gute Schülerin und ist stolz auf ihre Mitarbeit und auch, dass sie zeigen kann, was sie drauf hat.

Kommentar

Der Fall mit Anna zeigt, dass auch scheinbar starke, vielleicht sogar als vorlaut wahrgenommene Schülerinnen mit Stottern an sprachliche und mentale Grenzen stoßen. Das Mädchen entwickelte negative Gedanken, aus denen mit ca. 14 Jahren starke Ängste erwuchsen. Sie sorgte sich, dass sie nicht mehr zur coolen Gruppe gehören würde, falls sie ihr Stottern offen zeigt. Sie überspielte ihre Ängste zum Teil mit Übersprungshandlungen (Witze machen, sich über andere lustig machen etc.).

Für nicht stotternde Menschen ist das Gefühl des Kontrollverlustes nur schwer vorstellbar: in entscheidenden Momenten plötzlich keinen Zugriff auf das Sprechen zu haben. Anna fühlte sich während des gesamten Unterrichts dieser Bedrohung ausgeliefert, was ihre mentalen Ressourcen band. Sie beschreibt es eindrucksvoll mit der Metapher des wilden Tiers.

Die Reaktionen der besagten Lehrerin empfindet sie als willkürlich und gegen ihre Person gerichtet, da sie nach Annas Ansicht genau diesen Kontrollverlust provoziert. Selbst Gespräche der Eltern mit der Rektorin halfen nicht weiter, da Anna als „starke Schülerin" betrachtet wird, die ja sonst auch immer einen lockeren Spruch auf der Lippe hätte. In diesem Fall wäre zu empfehlen, eine weitere, außenstehende Fachkraft mit einzubeziehen, z.B. Schulpsychologinnen und -psychologen, Mobiler Sonderpädagogischer Dienst etc. (→ *3.6.4. Sonderpädagogische Dienste*).

2 Stottertherapie

2.1 Kurz und knapp

Das erfahren Sie in diesem Kapitel

- Stottern ist behandelbar und chronifiziert mit zunehmendem Alter.
- Seriöse Stottertherapie ist evidenzbasiert und orientiert sich an den Bedürfnissen und Wünschen der stotternden Person (idiografisches Vorgehen). Sie geht offen mit der Rückfallproblematik um und beinhaltet ein Nachsorgeprogramm (Rezidivprophylaxe).
- Stottertherapie ist mehrdimensional, integriert die Behandlung von Kern- und Begleitsymptomatik und bindet die Umwelt der Patient*innen mit ein.
- Es sind ambulante und intensivtherapeutische Verfahren vorhanden, sowohl in Einzel- als auch in Gruppensettings.
- Die wichtigsten Therapieverfahren sind der *Modifikationsansatz*, der lokal an der Veränderung des Stotterns ansetzt und psychoreaktive Folgebelastungen integriert. Demgegenüber sind *Fluency-Shaping-Ansätze* auf die globale Veränderung des Sprechens ausgerichtet. *Methodenkombinierte Ansätze* beinhalten Komponenten beider Richtungen.
- Unseriöse Anbieter*innen setzen oberflächlich auf wissenschaftsferne einfache Erklärungsmodelle und versprechen nicht haltbare Heilungserfolge.

2.2 Bedeutung für die Schule

- Erhöhen Sie Ihre Beratungskompetenz: Unterstützen Sie ratsuchende Betroffene und deren Angehörige bei Fragen zu Therapieentscheidungen und -empfehlungen.
- Lernen Sie Adressen und Beratungsstellen zu weiterführenden Beratungen kennen.
- Erfahren Sie, wie Stottertherapie funktioniert und welche Inhalte und Techniken zur Verfügung stehen.
- Erkennen Sie die Grenzen von Stottertherapie und unterstützen Sie Ihre Schüler*innen mit geeigneten Hilfestellungen.

2.3 Seriöse Therapieverfahren

Stottern ist behandelbar. Je früher Stottern wahrgenommen und erkannt wird und je früher mit einer Therapie begonnen wird, desto höher liegen die Chancen, gute Therapieerfolge zu erzielen. Von Heilung kann bis zum beginnenden Schulalter gesprochen werden, mit zunehmendem Alter erhöht sich das Risiko einer Chronifizierung. Stottertherapie ist so individuell wie die Patient*innen, weshalb eine idiografische (an das Kind angepasste) Vorgehensweise angeraten ist. Nicht jedes Therapieverfahren passt zu jedem Kind, weshalb pauschalisierende Empfehlungen nicht auf den Einzelfall übertragbar sind.

Vorsicht vor schnellen Heilungsversprechungen: Die BVSS erhält regelmäßig Anfragen interessierter Eltern zu scheinbar beeindruckenden Angeboten für stotternde Menschen, die sich medial und viral verbreiten. Medienwirksam aufbereitete Angebote üben häufig Druck auf stotternde Menschen und deren Angehörige aus, da sie subtil den Eindruck vermitteln, Stottern wäre mit schnellen und einfachen Lösungen zu beheben und es läge an der einzelnen Person, wenn versprochene Erfolge ausbleiben.

Folgende Informationen sollen Pädagogen und Pädagoginnen in der Beratung stotternder Schüler*innen und deren Angehörigen unterstützen, geeignete Maßnahmen zu finden.

2.3.1 Wie findet man seriöse Therapieanbieter?

Seriöse Anbieter arbeiten nach folgenden Prinzipien:

- Therapieziele: Offenheit und Transparenz über realistische Therapieziele zeigen
- Therapiemittel: Einsatz evidenzbasierter Verfahren in Betracht ziehen
- Therapieauftrag: Abgleichung von Zielen, Wünschen und Erwartungen der Beteiligten, Klärung des Therapiebedarfs, Offenheit gegenüber Grenzen und ggf. Empfehlung an spezialisierte Kolleginnen oder Kollegen
- Lebensqualität: Behandlung psychoreaktiver Folgebelastungen, Psychoedukation und Steigerung der Selbstwirksamkeit
- Stottermodifikation: Veränderung von stärkeren Stotterereignissen zu leichterem, anstrengungsfreierem Stottern
- Sprechmodifikation: Lokale oder globale Modifikationstechniken zur Verflüssigung des Sprechens (→ *2.4 Therapieinhalte und -methoden*)
- Umfeldarbeit: Beratung von Angehörigen
- In-vivo: Übertragung der Therapieinhalte auf reale Alltagssituationen
- Nachsorge: Stottern gilt als gut behandelbar, doch ab dem ca. 12. Lebensjahr als nicht (mehr) heilbar. Deshalb sollte in der Therapie die Rückfallprophylaxe thematisiert und ein Nachsorgeprogramm angeboten werden.

2.3.2 Wer bietet Therapie an?

Stottertherapie findet in der Regel in sprachtherapeutischen (logopädischen) Praxen statt. Behandler*innen sind Logopädinnen und Logopäden, akademische Sprachtherapeut*innen sowie Atem-, Sprech- und Stimmlehrer*innen.

Neben der klassischen ambulanten Therapie, die aus organisatorischen Gründen meist im 1:1- Setting stattfindet, gibt es intensivtherapeutische Angebote, die zumeist in der Gruppe durchgeführt werden. Auch hier gilt: Die Vor- und Nachteile der jeweiligen Therapierahmen (Einzel vs. Gruppe; ambulant und wöchentlich vs. stationär intensiviert) sollen sich an den Bedürfnissen der stotternden Person und deren Angehörigen orientieren.

2.4 Therapieinhalte und -methoden

Ausgehend von den Komponenten des Stotterns integriert eine idiografisch orientierte Stottertherapie alle betroffenen Ebenen. Ergänzend zu *Abbildung 3: Komponenten des Stotterns* gibt *Abbildung 6: Therapie des Stotterns* einen Überblick zu den Therapieinhalten.

Entsprechend individuell gestalten sich Ziele und Ausrichtung einer Stottertherapie. Patient*innen mit stärkeren psychoreaktiven Begleiterscheinungen (Ängste, negative Gedanken etc.) bedürfen eher desensibilisierender Maßnahmen, beispielsweise zur Erhöhung der Resilienz auf Stotterereignisse und deren Reaktionen.

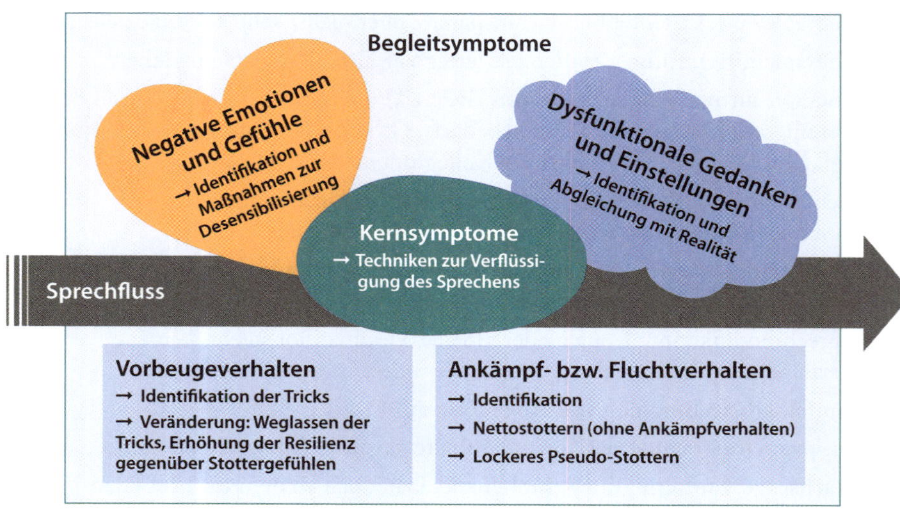

Abbildung 6: Therapie des Stotterns

Bei stärkeren Stotterereignissen können Sprechtechniken zur Verflüssigung des Sprechens angeboten werden. Seriöse Stottertherapie integriert vorhandene Anteile mit dem Ziel, die Lebensqualität, Teilhabe und Selbstwirksamkeit zu erhöhen. Daneben beinhaltet die Arbeit mit Kindern und Jugendlichen eine – je nach Alter – gut begleitete Angehörigen- und Umfeldarbeit.

Im deutschsprachigen Raum haben sich drei Ansätze etabliert:

1. Lokaler Ansatz: Stottermodifikation – Das Stottern verändern

Der Modifikationsansatz – auch „Nicht-Vermeidungs-Ansatz" – nach Van Riper (1982) soll das Stottern leichter machen. Als Ziel soll ein milderes, lockeres Stottern stehen und die Resilienz gegenüber bestehenden Stotterereignissen soll erhöht werden.

Die betroffenen Kinder und Jugendlichen setzen sich mit ihren Kern- und Begleitsymptomen auseinander und lernen im ersten Schritt, diese zu identifizieren. Psychoreaktive Folgeerscheinungen (wie Angst, Scham, Rückzugs- und Vermeidereaktionen, negative Gedanken und Einstellungen) werden in der Phase der Desensibilisierung bearbeitet. In einer weiteren Phase werden dann einzelne Stotterereignisse modifiziert, um den motorischen Kontrollverlust zu bewältigen. Leichte Stotterereignisse bleiben unbearbeitet und sollen mit ausreichender Desensibilisierung akzeptiert werden. Lokale Sprechtechniken des Modifikationsansatzes sind beispielsweise lockeres Pseudo-Stottern als Kontrast zum spannungsreichen, echten Stottern, geführte Prolongationen oder Zeitlupensprechen. Der Übergang vom Konsonanten zum Vokal (→ *1.3.2 Kern- und Begleitsymptomatik*) soll dabei bewusst und verlangsamt ausgeführt werden.

2. Globaler Ansatz: Fluency Shaping – Das Sprechen verändern

Die Idee des Fluency Shaping beruht auf einer globalen Veränderung des gesamten Sprechens und wird deshalb auch als *Sprechrestrukturierung* bezeichnet. Ziel ist es, mittels diverser Modulationen ein leichteres, flüssigeres Sprechen zu erreichen, beispielsweise mit einem durchgehenden weichen Stimmeinsatz, leicht gebildeten Artikulationskontakten und bewusster Zwerchfellatmung. Moderne Fluency-Shaping-Programme integrieren inzwischen Desensibilisierungsmaßnahmen, auch wenn nicht in dem Umfang wie in der Modifikationstherapie. Die anfangs sehr auffällig klingende Sprechweise soll zunehmend in die spontane Alltagssprache integriert werden.

3. Methodenkombination

Methodenkombinierte Ansätze integrieren fall- und patientenorientiert Schwerpunkte aus den beiden Hauptrichtungen.

Tipp 12: Material zu Therapieformen und -angeboten
Informationen zu Therapieverfahren und -anbietern finden sich im Therapieratgeber der BVSS (*Kohmäscher & Primaßin* 2023). Daneben sind zwei Broschüren über Entscheidungshilfen aus Betroffenensicht (BVSS 2021) online verfügbar, sowie eine Übersicht aller intensiven und stationären Stottertherapien (BVSS 2022) im deutschsprachigen Raum.
Zwei DVDs der BVSS zeigen prominente Therapieansätze für Kinder, Jugendliche und Erwachsene („Stottertherapie für Kinder" sowie „Stottertherapie für Erwachsene und Jugendliche").
Der QR-Code führt Sie zu den Links und Downloadmöglichkeiten.
→ **www.demosthenes-verlag.de/ratgeber-stottern-schule**

Tipp 13: Beratungsstellen
Sprechen Sie in Beratungsgesprächen mit Schüler*innen und Angehörigen keine persönlichen Empfehlungen aus, insbesondere wenn der diskutierte Therapieansatz für Sie nicht nachvollziehbar ist. Verweisen Sie auf diverse Therapieangebote und konsultieren Sie ggf. spezialisierte Sprachtherapeut*innen und/oder verweisen Sie auf die Website der BVSS. Ebenso stehen niederschwellig erreichbare Beratungsstellen zur Verfügung (Beratungsstellen der BVSS, Stotterberatungsstelle der Ludwig-Maximilians-Universität München und der Interdisziplinären Vereinigung der Stottertherapeuten, ivs).
Der QR-Code führt Sie zur Online-Seite des Ratgebers mit den Kontaktdaten.

2.5 Sprechtechniken

Alle Techniken erfordern professionelle Anleitung durch spezialisierte Therapeut*innen für eine individuell angepasste Integration der Techniken in die Lebenswelt der stotternden Person. Kontrolliertes, überwachtes Sprechen erfordert hohe Aufmerksamkeit und kann nicht kontinuierlich angewendet werden. Die meisten Techniken verfremden die spontane Sprechweise, weshalb viele Patient*innen anfangs gehemmt sind, diese in den Alltag zu übernehmen. *Tabelle 3: Beispiele ausgewählter Sprechtechniken* gibt einen Überblick gängiger Techniken. Therapieziel ist es, eine für die stotternde Person als sicher empfundene Sprechweise anzubieten. Dies kann für den einen stotternden Jugendlichen bedeuten, Blockierungen zu verflüssigen, während für einen anderen Jugendlichen ein möglichst spannungsfreies Stottern im Vordergrund steht.

	Technik	Erklärung	Beispiel
Lokale Modifikationstechniken	Einzelne Techniken		
	Pseudo-Stottern	Alternative zum angespannten, echten Stottern. Wird absichtlich angewendet, um sich gegen Stottern zu desensibilisieren. Im Gegensatz zum Netto-Stottern wird hier mit künstlichem Stottern gearbeitet.	Ich wollte wi-wi-wi-wissen, ob der Sportunterricht mo-mo mo-morgen ausfällt. → absichtliches Stottern → *Audiobeispiel 08*
	Netto-Stottern	Das Stotterereignis soll ausgehalten werden, sämtliches Ankämpfverhalten soll aufgegeben oder mit deutlich weniger Spannung produziert werden. Im Gegensatz zum Pseudo-Stottern wird hier auf echtes Stottern reagiert.	Ich wollte w-----issen, ob der Sportunterricht m----orgen ausfällt. → echtes Stottern aushalten, jedoch ohne Ankämpfverhalten → *Audiobeispiel 09*
	Prolongiertes Sprechen	Der Übergang vom Konsonanten zum Vokal wird verlangsamt und kontrolliert ausgeführt. Ein initial stehender Vokal sollte weich gebildet werden (siehe weiches Sprechen).	Ich **w→o** llte wissen, ob der Sportunterricht **m→o** rgen ausfällt. → Entweder prophylaktisch vor einem Stottergefühl oder modifizierend auf echtes Stottern → *Audiobeispiel 10*
	Weiches Sprechen	Vokale werden mit einem Schwellton produziert (von leise zu laut).	iiiich wollte wissen, ooob der Sportunterricht morgen ausfällt. → Entweder prophylaktisch vor einem Stottergefühl oder modifizierend auf echtes Stottern → *Audiobeispiel 11*
	Leichte Kontakte	Konsonanten werden mit leichten Kontakten produziert (gerade wahrnehmbar), darauffolgende Vokale mit weichem Stimmeinsatz.	Ich w→ooollte wissen, ob der Sportunterricht m→ooorgen ausfällt. → Entweder prophylaktisch vor einem Stottergefühl oder modifizierend auf echtes Stottern → *Audiobeispiel 12*

Tabelle 3: Beispiele ausgewählter Sprechtechniken (Fortsetzung auf der folgenden Seite)

	Technik	Erklärung	Beispiel
	Modifikationszeitpunkte einzelner Techniken		
Lokale Modifikationstechniken	**Vorbereitung**	*Vor dem Ereignis:* Bei antizipiertem Stottern („Stottergefühl") wird gestoppt und das betreffende Wort mit einer Technik vorbereitet.	Ich wollte ----- wi-wi-wissen, ob der Sportunterricht morgen ausfällt. → auf das Stottergefühl wird vorbereitend mit Pseudo-Stottern reagiert → *Audiobeispiel 13*
Lokale Modifikationstechniken	**Pull-Out**	*Im Ereignis:* Die einzige Blocklösetechnik, mit deren Hilfe man sich aus einem Kontrollverlust ziehen soll. Die sehr komplexe Schrittfolge erfordert hohe Aufmerksamkeit und Training: 1. Ankämpfverhalten aufgeben – Artikulationsort einfrieren; 2. Spannung wahrnehmen und reduzieren; 3. Prolongierter Übergang zum Vokal.	Ich wwww →ooollte wissen, ob der Sportunterricht mmmmm→ooorgen ausfällt. → Echtes Stottern wird hier im Moment des Ereignisses modifiziert. → *Audiobeispiel 14*
Lokale Modifikationstechniken	**Nachbessern**	*Nach dem Ereignis:* Das gestotterte Wort wird mit einer Technik nachgebessert und damit erneut, aber kontrollierter produziert.	Ich wwwwwwollte → --- **w→o** llte wissen, ob der Sportunterricht morgen ausfällt. → Echtes Stottern wird hier mit einer Prolongation nachgebessert. → *Audiobeispiel 15*
Globale Techniken	**Silbenbindung**	Silbe für Silbe wird mit leichten Kontakten und weichen Stimmeinsätzen gesprochen. Dabei wird das gesamte Sprechen verändert, also auch flüssige Anteile der Spontansprache.	Iich_wwolte_wwissen_ooob_der_SSSport_ unterricht_ mmmorgen_aaausfällt. → Durchgehende Sprechrestrukturierung → *Audiobeispiele 16 mittleres Level* → *Audiobeispiel 17 leichtes Level* → *Audiobeispiel 18 sehr hohes Level*
Globale Techniken	**Verlangsamung**	Silbe für Silbe soll das gesamte Sprechen verlangsamt werden, wie in Zeitlupe. Von einem sehr hohen (nicht alltagsrelevanten) Übungslevel soll ein für den Alltag passendes Level gefunden werden.	

Tabelle 3: Beispiele ausgewählter Sprechtechniken

TIPP 14: Audiobeispiele
Alle in der Tabelle aufgeführten Techniken sind als Audiobeispiele abrufbar.
Über den QR-Code kommen Sie über die Online-Seite des Ratgebers zu sämtlichen Links.
→ **www.demosthenes-verlag.de/ratgeber-stottern-schule**

2.6 Was kann Therapie (nicht)?

Stottern ist nicht heilbar, jedoch gut behandelbar. Mit Sprechtechniken gelingt es häufig, eine höhere Sprechflüssigkeit zu erreichen. Das macht Sprechtechniken so verführerisch. Im therapeutischen Kontext funktionieren sie meist gut. Unmittelbar nach Therapien erleben viele stotternde Patient*innen eine höhere Sprechflüssigkeit. Für Angehörige und Therapierende liegt es nahe, eine höhere Übungs- und Anwendungsintensität von der stotternden Person einzufordern. Sprechtechniken anzuwenden bedeutet, unter höherer kognitiver Anforderung überwacht und kontrolliert zu sprechen.

Stottern ist nicht immer beeinflussbar. Der Kontrollverlust lässt sich auch mit gut adaptierten Techniken nicht in jeder Situation bewältigen. Außerdem fühlt sich die neu erlernte Sprechweise oftmals fremd an. Die Anwendung von Sprechtechniken wird deshalb von einigen Sprecher*innen als unnatürlich erlebt und im Alltag wenig praktiziert.

Sprechtechniken verhelfen zu flüssigerem Sprechen, garantieren jedoch keine dauerhafte Kontrolle über das Stottern und sind insbesondere aufgrund der kognitiven und sprechmotorischen Herausforderung in anspruchsvollen Situationen schwerer abrufbar.

In einer mündlichen Prüfungssituation sehen sich die meisten Schüler*innen höheren emotionalen und kognitiven Belastungen ausgesetzt. In diesen auch sprecherisch anspruchsvollen Situationen stehen weniger kognitive, emotionale und sprechmotorische Kapazitäten zur Anwendung von Sprechtechniken zur Verfügung. Dies lässt sich gut mit dem 3-Faktoren-Modell erklären (→ *1.6 Modelle zur Sprechunflüssigkeit*, → *1.7 Mythen – der Faktencheck, Mythen-Check 11*).

Therapie kann den Rahmen setzen, um einen selbstwirksamen Umgang mit Stottern zu finden, die Lebensqualität zu erhöhen, die (schulische) Teilhabe zu ermöglichen und Sprechsicherheit zu vermitteln.

2.7 Unseriöse Therapieverfahren

Unseriöse Therapieangebote fallen oftmals durch medienwirksame, populistische, nicht haltbare Heilungsversprechen auf. Spektakuläre Vorher-Nachher-Videos sollen dies belegen, zudem wird ein – meist monokausales – vereinfachtes, wissenschaftsfernes Erklärungsmodell angeboten (z.B. falsche Atmung, traumatisches Ereignis), ohne die gut belegten Ursachentheorien anzuerkennen. Der nachvollziehbare Wunsch nach einer möglichen Heilung lässt viele Betroffene an diesen Verfahren teilnehmen, unseriöse Anbieter befeuern medienwirksam das „Prinzip Hoffnung" auch auf sozialen Netzwerken. Anbieter*innen unseriöser Verfahren wenden häufig eine Methode an, die für alle gleich wirksam sein soll („one size fits all") und verkennen die Individualität des Stotterns und die individuellen Bedürfnisse der Patient*innen. Häufig werden schnelle Erfolge auf einfachem Weg versprochen (Sandrieser 2023, Thum 2023, Richter 2023).

2.8 Falldarstellung

Frederick Kukla, 25 Jahre, Beiratssprecher der BVSS, engagiert im LV Bayern der BVSS: **Die Therapie hat meinen Umgang mit Stottern verändert.**

In der Mittelstufe des Gymnasiums habe ich meine Intensivtherapie beendet. Die Therapie hat mein Stottern und vor allem auch meinen Umgang damit grundlegend verändert. Dennoch habe ich mich weiterhin in der Schule sehr zurückgezogen und mich wenig eingebracht. Das ist in Schuljahren gegipfelt, in denen ich mich niemals im Unterricht gemeldet habe und neben meinem festen Freundeskreis keinen wirklichen Kontakt mit Mitschülerinnen oder Mitschülern hatte.
Heute weiß ich, dass mir der offene Umgang mit dem Stottern gefehlt hat. Offen gesagt habe ich ihn aber auch nicht gesucht. Was mir geholfen hätte, wären aktive Gespräche von Seiten der Lehrkräfte aus gewesen, in denen das Stottern und der Umgang damit im Unterricht thematisiert worden wäre. Selbst derartige Gespräche anzuregen, habe ich mich schlichtweg nicht getraut.

3 Stottern in der Schule

3.1 Kurz und knapp

Das erfahren Sie in diesem Kapitel

- Stotternde Kinder und Jugendliche haben einen rechtlichen Anspruch auf Maßnahmen wie den Nachteilsausgleich, basierend auf Artikel 3 des Grundgesetzes und ausgeführt in den Verordnungen, Schulgesetzen oder Anweisungen der einzelnen Bundesländer.
- Der Nachteilsausgleich ist das wirkungsvollste Mittel, um stotternden Kindern und Jugendlichen die Teilhabe am Unterricht zu ermöglichen. Er wird individuell an die Bedürfnisse und Ressourcen des Kindes angepasst und gilt auch für zentrale Prüfungen. Der Nachteilsausgleich ist ein Recht, das Kindern mit Stottern gewährt werden muss.
- Darum geht es jedoch NICHT: Stotternde Schüler*innen gänzlich von mündlichen Leistungsnachweisen und Mitarbeitsnoten zu befreien oder sie zu schonen.
- Sondern: Einschränkungen betroffener Schüler*innen sollen ausgeglichen werden.
- Kinder mit Stottern werden meist in Regelschulen beschult.

3.2 Bedeutung für die Schule

- Lehrer*innen sind zunehmend besser darüber informiert und sensibilisiert, welche z.T. dramatischen Folgen Stottern nach sich ziehen kann.
  → Eine erhöhte Aufmerksamkeit bringt weitere Entlastung, so dass stotternden Schüler*innen durch einen inklusiven Rahmen die Teilhabe ermöglicht wird.
- Schulentscheidung: Wie soll ein Kind mit Stottern beschult werden?
  → Lernen Sie Gründe für die richtige Schulentscheidung kennen und weshalb Regelbeschulung in den meisten Fällen empfohlen wird.
- Pädagogisch oder psychologisch ausgebildete Ansprechpartner*innen unterstützen Sie dabei, individualisierte Fördermöglichkeiten zu finden.
  → Erfahren Sie Hintergründe zum Nachteilsausgleich für stotternde Schüler*innen.

→ Lernen Sie konkrete Fördermöglichkeiten kennen, um einen inklusiven Unterricht zu gestalten.
→ Ziehen Sie (mobile) sonderpädagogische Dienste zu Rate.

- Viele Schüler*innen mit Stottern benötigen Ihre Unterstützung, damit ihnen die gesetzlich zustehende Chancengleichheit ermöglicht werden kann.

3.3 Chancengleiche Bildung

Schule ist ein Ort, an dem Wissen vermittelt wird, soziale Kompetenzen gefördert und Fähigkeiten und Fertigkeiten entwickelt werden. Sie unterstützt die individuelle intellektuelle, emotionale und soziale Entwicklung des Schülers bzw. der Schülerin. Für die Persönlichkeitsentwicklung eines Menschen bietet sie Raum für soziale Interaktionen und trägt zur Selbstfindung und Persönlichkeitsbildung bei. Schule soll den Weg einer chancengleichen Bildung für alle ebnen, individuelle Ressourcen fördern und Defizite ausgleichen.

Bis zu 75 % aller stotternden Schüler*innen erleben Schule als psychisch belastend oder haben sie phasenweise als belastend erlebt. Gleichzeitig werden ca. 50 % - 75 % aller stotternden Schüler*innen im Schulleben nicht als solche erkannt. Das Risiko, Opfer von Mobbing-Attacken zu werden, steigt mit jedem Schuljahr (→ *4.4. Anti-Mobbing-Programme*).

Daneben stellen verbale Unterrichtsbeteiligungen wie Vorlesen von Textaufgaben, Referate oder mündliche Prüfungen eine zusätzliche Herausforderung dar, die es zu thematisieren und zu bewältigen gilt. Stotternde Schüler*innen haben das Recht auf einen Nachteilsausgleich und entsprechende Angebote.

Tipp 15: Website zu Stottern und Schule
Aktuelle Infos zu Stottern und Schule (umfassendes Online- und Print-Material für Betroffene, Angehörige und Lehrer*innen sowie länderspezifische Informationen zum Nachteilsausgleich) finden Sie auf der von der BVSS (2024) veröffentlichten Website „Stottern und Schule".
Sprechen Sie mit uns! Wir bieten regelmäßig Infoabende für Lehrer*innen und Eltern stotternder Kinder an.
Der QR-Code führt Sie zur Online-Seite des Ratgebers mit weiterführenden Links.
→ **www.demosthenes-verlag.de/ratgeber-stottern-schule**

3.4 Sonderpädagogischer Unterstützungs- bzw. Förderbedarf

In einigen Bundesländern wird im schulischen Kontext von „sonderpädagogischem Förderbedarf“ gesprochen, andere verwenden inzwischen den Begriff „sonderpädagogischer Unterstützungsbedarf.“ Kriterien zur Festlegung auszuführender Maßnahmen des sonderpädagogischen Unterstützungsbedarfs sind in den einzelnen Bundesländern geregelt. Allgemein formuliert geht es darum, Schüler*innen mit Beeinträchtigungen individuelle Unterstützung zukommen zu lassen, um das Erreichen von Bildungszielen sowie die Teilhabe am Schulleben zu ermöglichen. Stottern wird in der Regel dem Förderbereich „Sprache“ zugeordnet. Bundesweit existiert ein diverses Förderschulsystem unterschiedlicher Schularten wie beispielsweise Förderschulen mit dem Förderschwerpunkt Sprache, Förderzentren oder Regelschulen mit inklusivem Unterricht. Es besteht keine Verbindung von Förderort zu Förderschwerpunkt (Bartz 2022), d.h. die Schulart sollte gemäß der individuellen Situation ausgewählt werden.

Im Jahr 2009 trat die UN-Behindertenrechtskonvention in Kraft, in der die Rechte von Menschen mit Behinderung ratifiziert wurden. Artikel 24 legt fest, dass Menschen mit Behinderung nicht vom allgemeinen Schulsystem ausgeschlossen werden dürfen. Die unterzeichnenden Vertragsstaaten wurden verpflichtet, angemessene und individuell angepasste Vorkehrungen zu treffen, um eine erfolgreiche Bildung bei bestmöglicher schulischer und sozialer Entwicklung anzubieten (Beauftragter der Bundesregierung für die Belange von Menschen mit Behinderung 2023).

Es gibt Anzeichen für einen zunehmenden Bedarf an sonderpädagogischer Unterstützung, der teilweise durch ein gesteigertes Bewusstsein und einen Zuwachs an Kompetenzen von Fachexperten und -expertinnen erklärt werden kann, und nicht nur durch die Zunahme von förderungsbedürftigen Kindern und Jugendlichen. Schüler*innen mit Unterstützungsbedarf werden zunehmend besser identifiziert (Heisig 2018).

Bei bundesweit insgesamt knapp 583.000 Schüler*innen mit Förderbedarf (Schuljahr 2022/23) belegen die Domänen Lernen (40 %), geistige Entwicklung (18,4 %) und emotionale Entwicklung (18 %) die höchsten Quoten. Sprache liegt mit 10,4 % an vierter Stelle (Statistisches Bundesamt 2023a & b).

Zum Vergleich: Im Schuljahr 2001/2002 gab es knapp 467.000 Schüler*innen mit Förderbedarf, was einer Zunahme von etwa 25 % in 20 Jahren entspricht. Der Förderbereich Sprache stieg in absoluten Zahlen von 42.600 auf 60.100 Schüler*innen. Es ist anzunehmen, dass ein Großteil des schulischen Unterstützungsbedarfs expressive und/oder rezeptive Sprache sowie Schriftsprache betrifft, Redeflussstörungen jedoch kaum ins Gewicht fallen. Dies spiegelt sich beispielsweise auch im Bericht zu Bildungswegen von Schüler*innen mit sprachlichem Unterstützungsbedarf wider (Glück et al. 2022). Bei der Interpretation der Zahlen gilt es auch die Zunahme von Kindern mit Migrationshintergrund und sprachlichem Förderbedarf zu berücksichtigen. Festzuhalten bleibt, dass Stottern bei Kindern die zweithäufigste Sprechstörung ist (Hansen 2010 zitiert nach Neidlinger et al. 2016), was sich jedoch nicht im defacto eingeforderten schulischen Förderbedarf widerspiegelt. Benötigen stotternde Kinder weniger Unterstützung oder werden deren Bedürfnisse zu wenig wahrgenommen oder gar verharmlost?

3.5 Sonderpädagogischer Förderbedarf für stotternde Schüler*innen?

Wenn alleine die Redeflussstörung als Beeinträchtigung festgestellt wird, besteht erst dann ein sonderpädagogischer Förderbedarf, wenn das Kind durch das Stottern so beeinträchtigt ist, dass es trotz zusätzlicher Förder- bzw. Unterstützungsmaßnahmen am Unterricht nicht aktiv teilnehmen kann. Da Stottern selbst zunächst mit keinen weiteren kognitiven, sensorischen und/oder sprachlichen Beeinträchtigungen einhergeht, besteht in der Regel bei betroffenen Kindern und Jugendlichen zunächst kein sonderpädagogischer Förderbedarf.
Das bedeutet in der Konsequenz, dass

- die Ausführung und Erledigung schriftlicher Aufgabenstellungen nicht davon betroffen sind,
- sich die Problematik auf die aktive mündliche Mitarbeit und Leistungserbringung beschränkt,
- die Auswirkungen auf sozio-emotionaler Ebene berücksichtigt und dementsprechend beachtet werden müssen.

Doch auch ohne sonderpädagogischen Förderbedarf haben stotternde Kinder Anspruch auf ausgleichende Maßnahmen (→ *4.3 Rahmenbedingungen in der Schule*).

3.6 Schulform

Es ist anzunehmen, dass der Anteil stotternder Kinder mit Unterstützungsbedarf insgesamt eher gering ausfällt.

Zu hinterfragen ist, woran das liegen mag. Einerseits werden Schüler*innen mit Stottern zu wenig identifiziert und deren individueller Unterstützungsbedarf wird nicht erkannt (Benecken & Spindler 2004). Andererseits finden sich einige von ihnen ohne unterstützende Maßnahmen in der Schule gut zurecht. Doch was ist mit den stotternden Schüler*innen, die psychosozial belastet bzw. aufgrund stärkerer Stotterereignisse sprachlich beeinträchtigt sind?

Es stellt sich für Schüler*innen, Angehörige und Lehrer*innen die Frage, welche Schulform für ein stotterndes Kind optimal ist.

3.6.1 Inklusion

International gibt es diverse Ansichten zur Bedeutung von Inklusion. Hinz (2013 & 2009, zitiert nach Fischer 2014, S. 94, paraphrasiert) unterteilt das Inklusionsverständnis in vier Kategorien:

- **Heterogenität wird begrüßt** und steht im Widerspruch zum in Deutschland tradierten Homogenitätsstreben.
- Inklusion verfolgt das Bestreben einer **Pädagogik der Vielfalt**: Nicht nur defizitorientiert (Integration von Menschen mit Behinderung), sondern auch ressourcenorientiert (Förderung von Begabungen).
- Politische Dimension: Die **Teilhabe aller Menschen** an sozialen Gemeinschaften soll angestrebt werden.
- Gesellschaftliche Dimension: Der umfassende Anspruch einer inklusiven, **diskriminierungsfreien Gesellschaft** spiegelt sich in den inklusiven Bildungslandschaften wider.

Schüler*innen mit sonderpädagogischem Unterstützungsbedarf soll im Idealfall mittels inklusiver Angebote Zugang zu Regelschulen ermöglicht werden. Exklusiver Unterricht in Förderschulen bzw. -zentren soll – so die Vision der UN-Konvention – die Ausnahme bleiben. Die Realität sieht jedoch 15 Jahre nach Ratifizierung noch immer anders aus. Helbig et al. (2021) stellen den Kultusministerien ein schlechtes Zeugnis aus und mahnen, dass Bundesländer gegen Artikel 24 der UN-Behindertenrechtskonvention verstoßen, da die darin beschriebenen Rahmenbedingungen ungenügend umgesetzt wurden. Bremen, Hamburg und Schleswig-Holstein bilden die Spitze inklusiver Angebote, Bayern, Baden-Württemberg und Rheinland-Pfalz das Schlusslicht. Mehr als die Hälfte aller Schüler*innen mit sonderpädagogischem Förderbedarf werden aktuell an Förderschulen unterrichtet, in Gymnasien ist der Anteil von Schüler*innen mit sonderpädagogischem Förderbedarf mit einem Anteil von 0,3 % im Schuljahr 2016/2017 verschwindend gering (Anders 2023).

Jedoch bedeutet Inklusion auch, wie oben erwähnt, Schüler*innen ohne sonderpädagogischen Förderbedarf und mit ihren vielfältigen Bedürfnissen eine demokratische Teilhabe am Bildungssystem zu gewährleisten. Zur individualisierten Förderung bedarf es neben administrativen Voraussetzungen (Schulgesetze, Lehrpläne) räumlicher und personeller Kapazitäten. Erst mit Schaffung der notwendigen Ressourcen kann man konkrete methodisch-didaktische Maßnahmen andenken. Mit Blick auf die Daten (siehe oben) scheint es fraglich, ob (Stand der Dinge 2024) die Voraussetzungen gegeben sind. Jedoch gilt es trotz unvollkommener Schritte inklusiven Handelns, sich von destruktiv wirkenden Idealvorstellungen zu befreien, ohne wegweisende Ideale aufzugeben, so Prengel (2011, zitiert nach Fischer 2014).

3.6.2 Regelschulen

Grundsätzlich gilt, dass die Schule, die dem Leistungsstand des Kindes mit Stottern entspricht, die richtige Schule ist. „Nicht das Stottern soll im Fokus stehen, sondern die Leistung des Kindes“ (Vonhausen 2023). Für eine Regelbeschulung spricht zudem die wohnortnahe Beschulung im Gegensatz zu meist weit entfernten Förderschulen bzw. -zentren. Unter Berücksichtigung vorhandener Maßnahmen sollte nahezu jedes stotternde Kind an einer Regelschule beschult werden können. Der Nachteilsausgleich ist eines der wichtigsten Instrumente, um stotternden Schüler*innen eine sichere Umgebung anzubieten, in der sie ihre sozialen, emotionalen und kognitiven Fähigkeiten entwickeln können.

Zusätzliche Angebote für Kinder mit sonderpädagogischem Unterstützungsbedarf regeln die einzelnen Bundesländer. Der aktuelle Stand ist den Bildungsservern der einzelnen Kultusministerien zu entnehmen.

Als Beispiel einer inklusiven Unterstützung soll das Konzept von Budgetstunden in Bayern erwähnt werden. Weiterführende Schulen (Realschulen, Gymnasien, FOS und BOS) können für Kinder mit sonderpädagogischem Förderbedarf bis zu 3 Wochenstunden beantragen. Unter Einbezug des Mobilen Sonderpädagogischen Dienstes (MSD) wird das zusätzliche Stundenbudget beim Kultusministerium beantragt. Das zusätzliche Deputat darf explizit nur beim betroffenen Kind ankommen und ermöglicht so beispielsweise die spezifische Umsetzung des Förderbedarfs und/oder der im Nachteilsausgleich genannten Punkte. Eine Ausweitung dieser Budgetstunden auf andere Schularten (Grund- und Mittelschulen) ist in Bayern noch nicht möglich und bleibt zu wünschen.

3.6.3 Förderschulen bzw. -zentren

Gibt es Gründe, ein stotterndes Kind auf einer Förderschule zu beschulen? Das ist pauschal nicht zu beantworten. In begründeten Einzelfällen kann diese Schulart durchaus die geeignete Wahl sein, beispielsweise wenn das Kind sehr stark belastet ist *und* ein weiterer Unterstützungsbedarf hinzukommt (beispielsweise in den Bereichen emotionale, soziale oder geistige Entwicklung oder bei einer diagnostizierten Lernstörung). Nur mit einem bestätigten sonderpädagogischen Förderbedarf erfolgt die Beschulung.

Das Kollegium an Förderschulen besteht überwiegend aus sonderpädagogisch ausgebildeten Lehrkräften unterschiedlicher Fachrichtungen. Die Klassengröße ist deutlich kleiner als in Regelschulen, zum Teil werden jahrgangsübergreifende Klassen gebildet. Neben der Vermittlung curricularer Lerninhalte werden individualisierte Fördermöglichkeiten angeboten.

Die für das Kind gewählte Schule sollte im Förderbereich Sprache kompetente Unterstützung anbieten können und die Pädagogen und Pädagoginnen sollten mit Stottern vertraut sein. Es ist vorab zu hinterfragen, was in der angedachten Einrichtung konkret für das stotternde Kind angeboten wird und welcher Abschluss dort erreicht werden kann.

3.6.4 Sonderpädagogische Dienste

Mobile Sonderpädagogische Dienste (MSD) sollen Schüler*innen mit (sonderpädagogischem) Förderbedarf unterstützen und die Integration im regulären Unterricht ermöglichen. Die Dienste werden abhängig vom Bundesland unterschiedlich bezeichnet und deren Aufgabengebiet länderspezifisch definiert. Meist stehen spezielle Dienste für die Bereiche körperliche, emotionale, soziale oder sprachliche Entwicklung zur Verfügung. Die mobilen Dienste arbeiten eng mit Lehrer*innen zusammen, um beispielsweise individuelle Unterstützungspläne zu entwerfen, Unterrichtsmaterialien zusammenzustellen und Unterstützungsmaßnahmen zu planen. Sie wirken auch bei der Beantragung des Nachteilsausgleichs mit oder bieten Fortbildungen an. Sie sind wichtiger Bestandteil des inklusiven Bildungssystems und tragen dazu bei, dass Schüler*innen mit Stottern regulär beschult werden und dennoch integrative Maßnahmen erfahren.

3.7 Nachteilsausgleich

Auf Grundlage des Gleichheitsgrundsatzes, Diskriminierungsverbots und Sozialstaatsprinzips des Grundgesetzes (Art. 3 Abs. 3: *„Niemand darf wegen seiner Behinderung benachteiligt werden“*) ist festgelegt, dass die Bedürfnisse von Schüler*innen mit Behinderung berücksichtigt werden müssen, so dass eine Teilhabe ermöglicht wird. Stottern ist als Behinderung im Sinne des Schwerbehindertengesetzes anerkannt. Ein Nachteilsausgleich steht stotternden Schüler*innen zu, selbst wenn keine formale Anerkennung als Schwerbehinderte*r vorliegt. In den meisten Bundesländern wird der Nachteilsausgleich über die Schulgesetzgebung geregelt.

Zudem liegt eine Rechtsanalyse vor, erstellt im Auftrag der BVSS, in der Bedarf und Ansprüche stotternder Schüler*innen sowie rechtliche Grundlagen auf Basis aktueller Rechtsprechung und Beschlüsse der Kultusministerkonferenz dargestellt sind (Rux & Ennuschat 2017).

Stottern kann die Teilhabe betroffener Kinder und Jugendlicher in der Schule beeinträchtigen. Nachteile, die stotternden Schüler*innen durch ihre Sprechbehinderung erwachsen, sollen ausgeglichen werden. Dabei geht es nicht darum, dass ein Schulkind mit Behinderung weniger leisten muss, sondern darum, dass es seine Leistungen auf eine Art erbringen kann, die seiner Behinderung gerecht wird. Daher ist der Nachteilsausgleich nicht gleichzusetzen mit einer Bevorteilung. Er dient allein der Kompensation einer Behinderung.

Vor allem handelt es sich darum, Schüler*innen mit unterstützenden Maßnahmen die Teilhabe am Schulleben zu ermöglichen. Der verfassungsrechtliche Anspruch auf Chancengleichheit durch einen Nachteilsausgleich besteht unabhängig von der Feststellung eines sonderpädagogischen Förderbedarfs. Laut Kultusministerkonferenz (1998, S.13) wurde festgelegt: *„Bei mündlichen und schriftlichen Leistungsanforderungen und -kontrollen sowie bei Prüfungen darf den Betroffenen kein Nachteil aufgrund einer sprachlichen Beeinträchtigung oder Behinderung entstehen. Erforderlichenfalls ist ein Ausgleich zu schaffen."*

Stottern ist individuell, weshalb es keinen fest vorgeschriebenen Rahmen gibt. Im Einzelfall sollen Schüler*innen und deren Angehörige zusammen mit Lehrer*innen, Schulpsychologinnen und -psychologen und ggf. dem MSD einen individuell angepassten Maßnahmenkatalog erstellen. Behandelnde Therapeut*innen bringen die sprachtherapeutische Perspektive mit ein. Es ist anzuraten, den Nachteilsausgleich insbesondere vor zentralen Prüfungen zeitig zu beantragen (spätestens 1 Jahr vor der Abschlussprüfung). Meist genügt ein formloser Antrag. Abhängig vom Bundesland wird eine Diagnostik bzw. Begutachtung eingefordert (sprachtherapeutisches Gutachten unter Einbezug des schulischen Fachdienstes und/oder eines ärztlichen Attests).

Notenschutz wird bei Schüler*innen mit Stottern nicht immer gewährt, anders als bei anderen Sprechstörungen wie Mutismus oder im Kontext von Autismus. Je nach Bundesland und Schulart kann in bestimmten Fällen Notenschutz gewährt werden. Bei stark betroffenen Schüler*innen, die sich sprachlich kaum äußern können, sollte diese Möglichkeit berücksichtigt und gegebenenfalls per Gutachten belegt werden.

Was ist der Unterschied zwischen Notenschutz und Nachteilsausgleich? Der Nachteilsausgleich bezieht sich auf die Anpassung der Rahmenbedingungen einer Prüfung, beispielsweise Zeitzuschlag bei mündlichen Leistungen. Notenschutz bezieht sich auf die Leistungsbewertung, wie beispielsweise die Option, auf prüfungsrelevante Leistungen zu verzichten, Prüfungen zu wiederholen oder einer individuell angepassten Bewertung.

Generell gibt es zwei Arten von Nachteilsausgleich: Durch Modifizierung der Prüfungsbedingung sowie durch Modifizierung des Prüfungsinhalts (→ *Tabelle 4 Zwei Arten des Nachteilsausgleichs*).

Nachteilsausgleich durch:		
	Modifizierung der Prüfungsbedingungen	**Modifizierung der Prüfungsinhalte**
Was?	**Modifizierung der äußeren (Prüfungs-) Bedingungen** durch alternative didaktisch-methodische Angebote	**Niveaugleiche Modifizierung** der Prüfungsinhalte
Ziel	Der*dem Schüler*in soll eine Teilhabe am Unterricht und in mündlichen Prüfungssituationen bei fairer Benotung ermöglicht werden.	
Beispiele	• Zeitzugaben für das Beantworten mündlicher Leistungsabfragen • Unterrichtsbeteiligung: Kein Reihenvorlesen, kein Aufrufen • Beispiel Vortrag, Referat: Schüler*in hält das Referat in Kleingruppen oder nur vor dem bzw. der Lehrer*in oder nimmt es zu Hause auf Video auf. • Safe-Place: Schüler*in darf auf seinem bzw. ihrem Platz sitzen bleiben, muss beim Vortrag nicht vor der Klasse stehen.	• Ersetzen von mündlichem Abfragen durch schriftliche Ersatzleistung • Stärkere Gewichtung individueller Leistungen (z.B. schriftliche Leistungen werden höher gewichtet als mündliche Leistungen) Beispiel Vortrag, Referat: Schüler*in übernimmt bei Gruppenarbeit schriftsprachliche Anteile (Recherche, Handout, Powerpoint-Erstellung).
Hinweise	• Zeitzuschlag: Dieser beträgt oftmals nur bis zu 25 %. Das kann stark stotternde Schüler*innen schnell an ihre Grenzen bringen. • Beispielrechnung: Bei einer Prüfungszeit von 10 Minuten werden demnach nur 2,5 zusätzliche Minuten gewährt. Bei starker Symptomatik (quantitativ und qualitativ) genügen einige wenige Stotterereignisse, um diesen Zeitraum auszuschöpfen. • Lösung: Im Nachteilsausgleich sollte ein höherer Zeitzuschlag aufgenommen werden und den Prüfenden sollte dieser Umstand vorab erklärt werden.	• Orthographische Fehler dürfen nicht bewertet werden. • Es sollen nur Sprechblockaden schriftlich überbrückt, nicht aber zwingend die gesamte Prüfung schriftlich absolviert werden.
Tipp	• Stotternde Schüler*innen zu Randzeiten prüfen, so dass Zeitpuffer organisatorisch möglich sind	• Vorab den Wechsel von mündlicher zu schriftsprachlicher Beteiligung im Unterricht proben/üben, um alle Beteiligten mit der Situation vertraut zu machen

Tabelle 4: Zwei Arten des Nachteilsausgleichs

Konkrete Anregungen zur individuellen Gestaltung des Nachteilsaugleichs: → *Kapitel 4.3.3 Klasseninterne* sowie → *4.3.4 Schüler*innen-Ebene*.

Tipp 16: Infos zum Nachteilsausgleich
Aktuelle Informationen erhalten Sie auf den jeweiligen Bildungsservern des zuständigen Kultusministeriums Ihres Bundeslandes sowie auf dem deutschen Bildungsserver.
Ausführliche Informationen zum Nachteilsausgleich mit länderspezifischen Regelungen finden sich zudem auf der Website der BVSS (www.stottern-und-schule.de), ebenso wie eine Broschüre zum Nachteilsausgleich, die sowohl als Download zur Verfügung steht als auch kostenfrei über die BVSS bezogen werden kann.
Die Seite enthält Angebote für Schüler*innen, Lehrer*innen und Angehörige stotternder Schüler*innen.
Der QR-Code führt Sie zur Online-Seite des Ratgebers mit weiterführenden Links.

3.8 Falldarstellungen

<u>Jonas, 18 Jahre:</u> **<u>Rückblickend hat mir der Nachteilsausgleich sehr geholfen.</u>**

Jahrelang kam ein unangenehmes Gefühl in mir hoch, wenn die Möglichkeit bestand, dass ich vor meinen Mitschülern oder Lehrern etwas sagen musste.
Nahezu den gesamten Schulalltag kam ich immer wieder in die nicht vollständig vermeidbare Situation, vor der Klasse sprechen zu müssen.
Je nervöser ich war, besonders bei Referaten, Präsentationen und mündlichen Schulaufgaben, desto belastender wurde die Situation von mir empfunden. Auch das laute Vorlesen vor der Klasse steigerte mein Stresslevel um ein Vielfaches.
Bis zur 10. Klasse, zum Beginn meiner Intensivtherapie, bin ich in der Schule mit der ganzen Thematik stets passiv umgegangen. Manchen meiner Lehrer war die Problematik nicht bekannt oder sie merkten es nicht einmal, da ich mich aufgrund meines Stotterns sehr selten am Unterricht beteiligte.
Ab der 10. Klasse änderte sich meine Herangehensweise. Ich sprach die Lehrkräfte aktiv zu Beginn des Schuljahres an und redete mit ihnen über Lösungen.
Dies resultierte darin, dass meine Lehrer jetzt wussten, wie sie mit der Situation umgehen können, was mir den Alltag extrem erleichterte.
Zudem wurde ich durch den Nachteilsausgleich ab diesem Zeitpunkt unterstützt. Regelungen wie die Zeitverlängerung oder dass ich beispielsweise bei Ausfragen auf dem Platz sitzen bleiben durfte, erleichterten mir das Leben enorm.

Darüber hinaus nahm er mir die Angst, für die gleiche Leistung schlechter bewertet zu werden als meine Mitschüler, da ich in der Vergangenheit öfter nicht genauso viel in derselben Zeit sagen konnte, oder mein Stottern als Unsicherheit fehlinterpretiert wurde.
Deshalb kann ich aus heutiger Perspektive sagen, dass mir sowohl der Nachteilsausgleich als gesetzlich zugeschriebene Hilfe, aber auch ein offensiverer Umgang mit dem Thema das Schulleben in Bezug auf mein Stottern deutlich angenehmer gemacht haben.

Mutter von Jonas: **Den Nachteilsausgleich zu erhalten war unproblematisch. Ein paar Wünsche habe ich.**

Am meisten hat unserem Sohn die Tatsache geholfen, dass er durch Therapie erfahren hat, dass es neben ihm noch viele andere Betroffene gibt und er nicht alleine mit seinen Problemen ist. Die Therapie hat hauptsächlich zur Stärkung seines Selbstwertgefühls beigetragen und auch dazu geführt, dass er selbst besser mit der Tatsache klarkommt, dass man mit dem Stottern trotzdem gut leben kann. Er nimmt seine „Behinderung" nun besser an und wirkt dadurch auch gelassener als vorher. Auch der Umstand, dass er nun weiß, was in seinem Gehirn passiert, während er stottert, macht es möglich, dass er weniger damit hadert.
Für die Schule hat uns als Familie vor allem die Information geholfen, dass überhaupt ein Nachteilsausgleich für das Stottern möglich ist.
Aufgrund der hilfreichen Angaben aus den Erfahrungsberichten anderer, die uns durch den behandelnden Therapeuten vermittelt wurden, und der Formulierungshilfen, die wir an die Schulpsychologin bzw. die Schulleitung weiterreichen konnten, erhielten wir recht unproblematisch den Nachteilsausgleich für die Schule und auch die Fortsetzung für die Abiturzeit.
Für unseren Sohn entschärften sich damit die Prüfungsbedingungen so weit, dass er das Gefühl hatte, fair behandelt zu werden. Die Lehrkräfte waren alle aufgeschlossen und auch kompromissbereit, was seine individuelle Unterstützung anbelangte.
Mündliche Abiturprüfungen wurden jeweils auf den letzten Termin des Prüfungstages gelegt, so dass nach meinem Sohn keine weiteren Prüfungen abgenommen wurden. Deshalb hatte er dann auch keinen zeitlichen Druck, um seine Ausführungen zu Ende zu bringen.
Wir würden uns als Eltern wünschen, dass auch die Schule – wie es für Rechtschreibstörungen üblich ist – Hinweise geben würde, dass man auch für das Stottern einen Nachteilsausgleich beantragen kann. Ich habe bemerkt, dass viele betroffene Eltern, denen ich begegnet bin, davon gar keine Kenntnis hatten. Die Schulpsychologin an unserer Schule wusste darüber ebenso wenig Bescheid, nannte mir aber die wesentlichen Angaben, die sie bräuchte, um einen Antrag stellen zu können.
Extrem wichtig fände ich auch, dass die Ausbildung bzw. Fortbildung von Kinder-

und Jugendärzten in diesem Bereich forciert wird. Ich musste viele Versuche unternehmen, um den Kinderarzt davon zu überzeugen, dass hier keine normale, entwicklungsbedingte Sprechunflüssigkeit bei meinem Sohn besteht. Auch die Erzieherinnen im Kindergarten und die Grundschullehrerinnen waren nicht geschult im Erkennen von Stottern. Erst der von uns Eltern initiierte Besuch bei einer Logopädin hat unseren Anfangsverdacht zum Stottern bestätigt.
Mein Sohn studiert nun und hat sich schon informiert, ob es auch im Studium für seine Belange einen Nachteilsausgleich gibt.

Kommentar

Zwei Dinge benennt die Mutter des stotternden Jugendlichen, die in der Therapie ausschlaggebend waren: Den Austausch in einer Gruppe gleichaltriger Betroffener, sowie psychoedukative Anteile, die die Resilienz des Jungen erhöht haben. Positiv ist die wertschätzende und aktive Unterstützung der Lehrer*innen zu nennen. Ausbaufähig ist eine in administrativer Verantwortung stehende Fort- und Weiterbildung einzelner Lehrkräfte, um soziale Schieflagen auszugleichen. Es ist davon auszugehen, dass Kinder weniger engagierter Eltern, die nicht die Fähigkeiten oder Ressourcen mitbringen, sich an unterschiedlichen Stellen (Arztpraxen, Schule, Administration) für die Belange ihrer Kinder konsequent einzusetzen, auch weniger gefördert werden. Insbesondere diese Kinder benötigen professionelle Angebote seitens der Schule.

Für Jonas selbst war der Nachteilsausgleich eine äußerst große Hilfe, er beschreibt es eindrucksvoll. Das zeigt, wie mächtig dieses Instrument sein kann.

Isolde Vonhausen & Thomas Lettner, Mobiler Sonderpädagogischer Dienst Sprache in Oberbayern: **Der MSD unterstützt die Inklusion.**

Die Einrichtung der „Mobilen Sonderpädagogischen Dienste" (MSD) steht im Zusammenhang mit einem Paradigmenwechsel in der sonderpädagogischen Förderung, denn bislang wurden Kinder und Jugendliche mit sonderpädagogischem Förderbedarf an besonderen Förderschulen unterrichtet.
Nun kommen die Sonderschullehrkräfte zu den Schülerinnen und Schülern an die Regelschulen.

Das MSD-Team kommt meist vor Ort und berät, unterstützt und begleitet Schülerinnen und Schüler mit sprachlichen Beeinträchtigungen sowie deren Eltern und Lehrkräfte.
Ziel der angebotenen Maßnahmen ist es, den Schülerinnen und Schülern den Besuch einer allgemeinbildenden bzw. weiterführenden Schule zu erleichtern, sie im Unterrichtsalltag zu entlasten und ihr Selbstbewusstsein zu stärken.
David Mitchell beschreibt den Schulalltag stotternder Schülerinnen und Schüler als „Reise durch ein linguistisches Minenfeld ohne Begrenzung" (Mitchell 2016).

Dieses von Mitchell beschriebene Gefühl wird uns immer wieder von stotternden Schülerinnen und Schülern bestätigt, die ohne individuelle Unterstützungsmaßnahmen und ohne Nachteilsausgleich ihren Schulalltag bewältigen müssen. Deshalb ist es uns eine Herzensangelegenheit, allgemeinbildende und weiterführende Schulen auf ihrem Weg zu einer inklusiven Schule zu unterstützen – Unterstützung der Inklusion durch Beratung und Begleitung vor Ort.

Eine Falldarstellung soll dies konkretisieren:

Der Übertritt an das Gymnasium lief problemlos. Justus war ein ruhiger, unauffälliger Schüler und sehr gut in den Klassenverband integriert. Die Notengebung war auch kein Problem, bis in der 8. Klasse ein höheres Maß an mündlichen Leistungen gefordert war. „Ich, als stotternder Schüler, ein Referat halten, niemals! Lieber nehme ich eine Sechs dafür in Kauf, als dass ich mich vor die Klasse stelle und `entblöße´", dachte er für sich und so geschah es, dass seine Leistungen im Mündlichen schlechter wurden.

Zum Glück fiel dies einer aufmerksamen Lehrerin auf, die in Absprache mit der Schulleitung den MSD Sprache hinzuzog. Zuerst durfte der MSD Sprache für die Schule nur beratend tätig werden, da das Verhältnis zwischen Schule und Eltern zerrüttet war. Auf beiden Seiten waren Vorstellungen vorhanden, die leider von keiner Seite erfüllt werden konnten.

Die Schule wollte unbedingt ein Gutachten eines Kinder- und Jugendpsychiaters / einer Kinder- und Jugendpsychiaterin mit der Diagnose „Stottern". Die Eltern und auch Justus verweigerten dies, da das Stottern eindeutig erkennbar war und sich Justus nicht über eine Testung vorführen lassen wollte. Die Eltern beantragten für Justus einen Notenschutz für mündliche Leistungsfeststellungen, was gemäß Schulgesetz nur bedingt möglich ist.

Nach vielen Versuchen, die Eltern zu einem Gespräch einzuladen, nahmen sie das Angebot an, in das Beratungszentrum des MSD Sprache zu kommen – ein neutraler Raum für ein wegweisendes Gespräch.

Das Gespräch mit dem MSD, Justus und seinen Eltern verlief äußerst gewinnbringend. Gemeinsam schafften wir es, der Schule einen gangbaren Weg aufzuzeigen. Da es sich beim Stottern um eine offensichtliche Beeinträchtigung handelt (§ 36 Abs. 3 Satz 1 BaySchO) kann auf ein fachärztliches Attest verzichtet werden, wenn kein Notenschutz beantragt wird. Wir einigten uns darauf, dass die Eltern der Schule ein fachärztliches Attest des langjährigen Kinderarztes von Justus vorlegen und auf die Beantragung eines Notenschutzes verzichten. Mit diesem Vorschlag war die Schule einverstanden und gleichzeitig sehr erleichtert, dass sie Justus nun aktiv unterstützen konnte.

Das Eis war gebrochen und in vielen kooperativen Gesprächen wurde ein Nachteilsausgleich mit passgenauen Maßnahmen für Justus bei mündlichen Leistungsfeststellungen entwickelt. Die wichtigsten Unterstützungsmaßnahmen für ihn waren

eine Zeitverlängerung und die Möglichkeit, mündliche Leistungen (Referate, Präsentationen, Abfragen, Vorlesen etc.) im Schonraum einer Kleingruppe bzw. in der Einzelsituation mit der Lehrkraft erbringen zu dürfen.
Die engagierten Lehrkräfte seines Gymnasiums nahmen auch das Angebot des MSD an, eine Fortbildung zum Thema „Stottern" an der Schule stattfinden zu lassen. Die Fortbildung war sehr gut besucht und brachte viele weiterführende Impulse in das Kollegium.
Bis zum Abitur standen die Eltern und auch Justus im engen Kontakt zum MSD Sprache und die Lehrkräfte wurden regelmäßig gecoacht. Im Team überlegten wir, wie wir die Rahmenbedingungen nach den gesetzlichen Vorgaben für das bayerische Abitur gestalten können, mit dem Ziel, Justus faire Abiturprüfungen zu ermöglichen, in denen er sein Können zeigen kann. Eine große Unterstützung waren für ihn die Festlegung der Prüfungszeit auf den frühen Vormittag, da sich seine Stotterereignisse im Laufe des Tages steigerten. Ebenso half ihm die Anwesenheit seiner Klassenleitung bei den mündlichen Prüfungen als emotionale Stütze.

Und nach dem Abitur? Justus entschied sich für sein persönliches „Stotterjahr". Er machte sich auf den Weg zu einer stationären Intensivtherapie.

4 Unterstützung stotternder Schüler*innen

4.1 Kurz und knapp

Das erfahren Sie in diesem Kapitel

- Inklusiver Unterricht, der den Bedürfnissen einzelner Schüler*innen gerecht wird, kann auf unterschiedlichen Ebenen gestaltet werden: Von administrativer bis zur klasseninternen Ebene stehen zahlreiche konkrete Handlungsoptionen zur Verfügung.
- Die Maßnahmen verhelfen nicht nur von Stottern betroffenen Kindern zu einer stärkeren Teilhabe, sondern nähern sich dem Ziel eines inklusiven Unterrichts für alle.
- Erweitern Sie Ihre Kompetenz, indem Sie sich mit Experten und Expertinnen vernetzen und mit anderen Pädagogen und Pädagoginnen austauschen. Lernen Sie, wie Sie das Lernumfeld für offene Unterrichtsprinzipien optimieren.

4.2 Bedeutung für die Schule

- Viele stotternde Kinder und Jugendliche bleiben in der Schule unbemerkt. Teilweise liegt das an ihrer eigenen Motivation, nicht geoutet zu werden. Daraus entwickeln sich häufig negative Gefühle und Gedanken (→ *1.3.2 Kern- und Begleitsymptomatik*). Erfahren Sie, wie Sie als Lehrkraft darauf reagieren können.
- Die meisten Schüler*innen werden mit ihren möglichen Sorgen, Nöten und Ängsten alleine gelassen. Unterstützen Sie diese mit konkreten Maßnahmen auf Schul- und Klassenebene.
- Stotternde Schüler*innen haben ein Recht auf unterstützende Maßnahmen.
- Erfahren Sie in diesem Kapitel, wie Sie die Lernumgebung anpassen können und weshalb Sie im Oktober die besten Chancen dazu haben.
- Stotternde Schüler*innen benötigen Angebote und Unterstützungen, um ihr Potential entfalten zu können und schulisch nicht benachteiligt zu werden.
→ Erfahren Sie, wie sie didaktisch besser darauf reagieren können und welche Kommunikationstools zu einem respektvollen Miteinander beitragen.

Tipp 17: Exkurs Sprache und Sprechen

Ein kleiner Exkurs zum Sprechen: In Bruchteilen einer Sekunde werden Gedanken in Laute umgewandelt, Wörter geformt und schließlich zu sinnvollen Sätzen zusammengefügt. Die durchschnittliche Silbengeschwindigkeit beträgt zwischen 4-6 Silben pro Sekunde. Sprechen und Denken finden in einem ständigen Austausch gleichzeitig statt. Gedanken konzeptualisieren sich nach einem inneren Plan, Wörter werden aus dem inneren Lexikon abgerufen. Äußerungen werden mit ca. 20 Lauten pro Sekunde realisiert. Das innere und äußere Anforderungsniveau (physisch, psychisch, kognitiv, linguistisch etc.) beeinflusst die Qualität der sprachlichen Äußerungen (→ *1.6 Modelle zur Sprechunflüssigkeit*).
Stotternde Menschen sind bei einer mündlichen Unterrichtsbeteiligung einer erhöhten kognitiven Anforderung ausgesetzt, da sie neben dem Abruf des geforderten Inhalts (Wissen) zusätzliche Kapazität zur Sprechproduktion bereitstellen müssen. Psychoreaktive Folgeerscheinungen wie Sprechängste oder Vermeideverhalten belasten die kognitiven Prozesse zusätzlich und wirken sich auf die Sprechflüssigkeit aus. Stotternde Schüler*innen sind dadurch einer weitaus höheren Belastung ausgesetzt als ihre nichtstotternden Mitschüler*innen. >>>

Kleine Änderungen im Unterrichtsablauf reduzieren diese belastenden Anforderungen. Besprechen Sie mit betroffenen Schüler*innen - und gegebenenfalls auch mit Angehörigen, Sprachtherapeut*innen oder im Kollegium - welche Maßnahmen im Einzelfall hilfreich sind (→ *4.3.3 Klasseninterne Ebene* → *4.3.4 Schüler*innen-Ebene*).

4.3 Rahmenbedingungen in der Schule

Stotternde Schüler*innen erleben insbesondere im schulischen Kontext den Kontrollverlust des Stotterns oftmals mit negativen Gefühlen wie Scham, Ohnmacht oder Sprechängsten (→ *1.3.2 Kern- und Begleitsymptomatik*). Durch einige wenige Angebote kann Schule zu einem sichereren Ort werden.

Es ist zu vermuten, dass stotternde Kinder und Jugendliche überwiegend in Regelschulen beschult werden (→ *3.6 Schulform*). Dies sollte in der Regel gut möglich sein, wenn folgende Aspekte berücksichtigt werden:

- Administrative Ebene: Sind ausreichend personelle, finanzielle und räumliche Kapazitäten vorhanden?
- Schulinterne Ebene: Offenheit der einzelnen Schulen gegenüber Fördermöglichkeiten, Regelungen und Festlegung interner Abläufe.
- Klasseninterne Ebene: Offenheit der betroffenen Lehrer*innen und deren Willen zu konkreten Umsetzungen bestehender Regelungen.
- Schüler*innen-Ebene: Individualisierte Angebote und Rahmenbedingungen für die betroffene Person.

Als Basis bedarf es auf allen genannten Ebenen einer inklusiven Kultur und der damit einhergehenden Haltung. Die Schule sollte eine inklusive Idee fördern, die Vielfalt schätzt und die Überzeugung vermittelt, dass jede*r Schüler*in unabhängig von den individuellen Fähigkeiten und Beeinträchtigungen das Recht auf Teilhabe und Bildung hat. Lehrkräfte, Schulleitung und das gesamte Personal sollten eine positive Haltung gegenüber Vielfalt und Inklusion einnehmen.

Fischer (2014, S. 43) konstatiert:

> „Der Blick auf andere Länder, die in den internationalen Vergleichsstudien häufig als besonders vorbildliche Bildungssysteme hervorgehoben werden – wie Kanada und Finnland – zeigt, dass der positive Umgang mit Diversität eine wichtige Gelingensbedingung erfolgreicher Bildungsprozesse darstellt. Die unterschiedlichen Neigungen, Lernvoraussetzungen und Kompetenzen werden von den Lehrpersonen, den Schulen und der Bildungspolitik bei der Gestaltung von Unterrichtssettings und systemischen Rahmenbedingungen berücksichtigt. Dem Recht auf gleiche Bildungschancen wird u.a. durch eine meist konsequent gemeinsame Beschulung entsprochen."

Wie Inklusion im Kontext mit Stottern gelingen kann, sollen folgende Punkte aufzeigen.

4.3.1 Administrative Ebene

Auf dieser Ebene haben einzelne Lehrer*innen wenig Einfluss (Gesetzgebung, Finanzbudget, Lehrpläne etc.). Beschäftigte in Schulen können jedoch immer wieder auf die Chancen, die die Umsetzung konkreter Maßnahmen eröffnen, hinweisen und diese öffentlich thematisieren.

Da Lernen in großen Gruppen stattfindet, fragen sich Wischer & Trautmann (2013), inwiefern sich in einem institutionalisierten Massenlernprozess individuelle Förderung einbinden lässt und wie die unterschiedlichen Förderbedürfnisse der einzelnen Schüler*innen integriert werden können. Wie gut eine integrative Beschulung gelingt, hängt also auch von wenig beinflussbaren Parametern ab: den Rahmenbedingungen mit konkreten Vorgaben des Bundeslandes und dem Gestaltungswillen der Schule sowie von deren ausführenden Personen (Schulleitung, Schulpsychologen und -psychologinnen, Lehrer*innen, sonderpädagogische Dienste etc.).

Der große Rahmen einer bildungsgerechten Schule kann nur seitens der Gesetzgeber auf Bundes- und Länderebene geschaffen werden.

Auf administrativer Ebene gibt es einige Möglichkeiten, um Menschen mit besonderen Bedürfnissen im Sinne integrativer Angebote zu unterstützen und Lücken integrativer Beschulung zu schließen. Einige der nachfolgend genannten Punkte werden – je nach Bundesland mehr oder weniger – bereits umgesetzt, andere verbleiben auf dem Wunschzettel. Individualisierter Unterricht kostet Geld und scheitert häufig an finanzpolitischer Realität. Dass die Investition in Bildung mittel- bis langfristig selbst unter finanzpolitischer Sichtweise auch einen volkswirtschaftlich messbaren *Profit* oder *Benefit* abwirft, ist anzunehmen – entsprechende Maßnahmen obliegen den politischen Entscheidungsträgern. Wir von der BVSS sind der Meinung, dass sich jegliche Investition in Bildung mittelbar auf gesellschaftliche, politische, wirtschaftliche und unmittelbar auf die schulische Qualität (Bildungsinhalte, Vermittlung von Wissen, pädagogische Konzepte etc.) und vor allem auf die Entwicklung der Schüler*innen auswirkt.

Personell: Interdisziplinär und vernetzt arbeiten

Schüler*innen mit Stottern sind auf qualifizierte Pädagogen und Pädagoginnen angewiesen, die mit der Thematik vertraut sind und auf allen Ebenen Lösungen anbieten. Das kann ein Pool an (Schul-) Psychologen und Psychologinnen, dem Sonderpädagogischen Mobilen Dienst (MSD), spezialisierten Sprachtherapeut*innen sowie Physio- und Ergotherapeut*innen sein. Nicht jede Schule benötigt fortwährend alle

Spezialist*innen, doch benötigt jede Schule ein Experten-Netzwerk für fallorientierte Unterstützung. Schulen greifen idealerweise nach Bedarf auf spezialisierte Fachkräfte zurück.

Fachlich: Wissen evaluieren und handeln

Lern- und Förderziele einzelner Schulen bedürfen einer landesweit organisierten Evaluation, um diese anzupassen und Ressourcen zielgerichtet einzusetzen. Dabei soll es nicht um ein wissenschaftlich fragwürdiges Ranking wie die Pisa-Studien gehen, die wenig differenziert Bildungsinhalte abfragt. Ein ressourcenorientiertes Monitoring soll Schulen in vorhandenen Kapazitäten stärken und Optimierungspotential aufzeigen. Schulbehörden organisieren Ressourcen (themen- und fachspezifische Artikel, Raum, Personal), die genannten Expertinnen und Experten bieten Fortbildungen, Super- und Intervision an und stehen Lehrer*innen beratend zur Seite. Individueller Förderbedarf einzelner Schüler*innen muss erkannt, d.h. diagnostiziert werden, um in der Folge konkrete Maßnahmen ergreifen zu können.

Tipp 18: Frag die Expertinnen und Experten

Die BVSS war bereits mehrfach Ansprechpartnerin für schulische Angelegenheiten. So gab es beispielsweise Projekte in Zusammenarbeit mit Kultusministerien zu „Stottern und Schule", aus denen Broschüren für Lehrer*innen entstanden sind, sowie interne Fortbildungen für Lehrer*innen und einzelne individuelle Beratungen bei Fragen zur Umsetzung. Die BVSS vermittelt die richtigen Ansprechpartner*innen gemäß Ihren Bedürfnissen. Sprechen Sie uns an!

Auch Ausbildungsstätten (Universitäten, Logopädieschulen) sind kompetente Anlaufstellen z.B. für Tipps zu Literatur und zu konkreten Fördermöglichkeiten. Kontakt und Beratungsangebote der BVSS und anderer auf Stottern spezialisierter Beratungsstellen finden Sie in der Link-Sammlung auf der Online-Seite des Ratgebers.
Der QR-Code führt Sie direkt dort hin.
→ **www.demosthenes-verlag.de/ratgeber-stottern-schule**

Räumlich-materiell: Ressourcen bereitstellen

Individualisierter Unterricht einer Schule für alle hat einen höheren Raumbedarf als homogene Massenlernprozesse. Zusätzliche räumliche Angebote mit entsprechender Ausstattung eröffnen ein weiteres Spektrum z.B. für individualisierte (kleinere) Lerngruppen, das Eingehen auf spezielle Bedürfnisse oder auch zur individualisierten Leistungserbringung. Bauliche Veränderungen und Ergänzungen werden langfristig gedacht und geplant, meist auf höherer administrativer Ebene. Bei anstehenden

Sanierungsarbeiten sollte der Gedanke eines inklusiven Unterrichts und eines veränderten Raumbedarfs mit in die Planungen einbezogen werden. Die Schulleitung samt Team sollte entsprechend vorausschauend ihre Vorstellungen und Ideen einbringen.

4.3.2 Schulinterne Ebene

Hierbei eröffnen sich konkrete Handlungsoptionen. Gemeinsame Standards sollen definiert werden, um klassenübergreifend integrative Maßnahmen festzulegen.

Insbesondere an weiterführenden Schulen mit mehreren Fachlehrer*innen pro Klasse verhilft eine gemeinsame Linie zu einer gesicherten Umsetzung der Maßnahmen und ist nicht nur vom persönlichen Engagement und der Offenheit einzelner Lehrkräfte abhängig. Dies vermittelt nicht nur dem Lehrpersonal eine klare Linie, sondern verschafft auch Schüler*innen und Angehörigen Klarheit und Sicherheit über Inhalte und benennt Ansprechpartner*innen. Als wünschenswerte Standards sind folgende Punkte zu nennen:

Personell:

- Koordinieren Sie Maßnahmen und Standards zu Schuljahresbeginn in Klassenkonferenzen, ggf. unter Einbezug von Experten und Expertinnen, wie z. B. dem Mobilen Sonderpädagogischen Dienst (→ *3.6.4 Sonderpädagogische Dienste*).
- Benennen Sie pädagogische Bezugspersonen: Wer ist für Stottern zuständig, wer bildet sich fort, wer vernetzt sich mit Spezialist*innen? Wer ist Ansprechpartner*in für Schüler*innen und deren Angehörige?
- Finden Sie Multiplikatoren: Diese geben an das Kollegium Informationen weiter und klären auf. Ziel ist es, vorhandene Stereotypen über Maßnahmen abzubauen und Antworten auf Widersprüche und Einwände zu geben. Ebenso gilt es, Kolleginnen oder Kollegen, welche ausgleichende Maßnahmen als unangemessen bewerten, den gesetzlichen Hintergrund zu verdeutlichen und auf gesetzlich verankerte Rechte der betroffenen Schüler*innen aufmerksam zu machen.
- Nutzen und schaffen Sie Netzwerke:
  Wer kann z.B. bei der Umsetzung eines Projektes wie der Errichtung von Open Workspaces (siehe unten) helfen?
  → Stehen neben den z.T. aufwendig zu organisierenden formalen Wegen weitere Ressourcen zur Verfügung: Sind beispielsweise Angehörige verfügbar, die planen, bauen, organisieren und gestalten können, während spezialisierte Fachkräfte beratend für das geplante Projekt zur Verfügung stehen?

Fachlich:

- Optimieren Sie die Stundenplanerstellung: Beispielsweise können längere Unterrichtseinheiten für offene Lernphasen und differenzierte Aufgabenstellungen geplant werden.
- Bauen Sie eine Fachbibliothek auf: Zur Förderung eines umfassenden Verständnisses für stotterspezifische Themen ist es ratsam, Fachliteratur für Lehrkräfte sowie entsprechende Literatur für Schüler*innen zusammenzustellen (→ *Tipp 22*).
- Bieten Sie Fortbildungsmaßnahmen an: Koordinieren Sie Schwerpunktfortbildungen zum Themenbereich Stottern zu Schuljahresbeginn. Fragen, die im Kollegium zu beantworten sind: Wer ist für diesen Bereich zuständig? Wer besucht oder organisiert spezifische Fort- oder Weiterbildung?
- Ermöglichen Sie Zugriff auf verschiedene Medien: Lehrer*innen und Schüler*innen sollten Zugriff auf multimediale Angebote haben (ggf. via Intranet oder webbasierte Plattformen). Oftmals gibt es insbesondere zum Aufbau multimedialer Strukturen Fördergelder des Kultusministeriums.
- Treffen Sie spezialisierte Fachkräfte: Laden Sie Stotterexperten und -expertinnen zu Impuls- oder Kurzvorträgen ein, ob in Präsenz, als Besuch vor Ort oder via Video-Call. Dies kann im Rahmen einer Kurzinfo für Lehrer*innen erfolgen, ebenso für eine Themenstunde im Unterricht. Beispiel: Die Schulklasse besucht eine Ausbildungsstätte für Sprachtherapie (Logopädieschulen oder Universitäten) zur Berufsorientierung und zu Infos über Stottern.

Räumlich-materiell:

- Gestalten Sie Räume (Klassenzimmer, Open Workspaces) zur methodischen Umsetzung offener Unterrichtsprinzipien.
- Öffnen Sie klassenübergreifende Open Workspaces. Diese Lernorte können projektbezogen und schulintern von Pädagogen und Pädagoginnen gebucht und genutzt werden. Klug gestaltete Räume mit modularen, beweglichen Möbelsystemen ermöglichen eine flexible Gestaltung und schnelle Anpassung für die unterschiedlichen Bedürfnisse und Anforderungen einzelner Gruppen und Inhalte und unterstützen kooperatives, individualisiertes Lernen.
- Optimieren Sie Ihre Ausstattung: Planen Sie (modular einsetzbare) Möbelsysteme bei zukünftigen Investitionen ein.
- Erstellen Sie einen Budgetplan für Mobiliar, Fachliteratur und Material (→ *Tipp 19*).

- Optimieren Sie die technische Ausstattung: Um Referate vorab per Video aufzuzeichnen, können beispielsweise Tablets angeschafft werden, die den Schüler*innen zur Verfügung gestellt werden. (→ *4.3.4 Schüler*innen-Ebene*).

Methodisch-didaktisch:

- Kreieren Sie klassenübergreifende Projektzeiten: Schüler*innen aus verschiedenen Altersstufen werden in diesen Projekten zusammengebracht. Dies stärkt das Zusammengehörigkeitsgefühl der Schüler*innen, fördert soziale Interaktion und schafft vielfältige Lernmöglichkeiten. Klassenübergreifende Projekte können sowohl im schulischen Kontext als auch außerschulisch organisiert werden und tragen zu einer inklusiven Lernerfahrung bei. Solche Projekte sollen durch Aktivitäten wie Workshops, Gruppendiskussionen, Theateraufführungen oder Präsentationen dazu beitragen, Stigmatisierungen gegenüber Stottern zu verringern und Aufklärungsarbeit zu leisten. Dabei soll keinesfalls ein stotterndes Kind persönlich im Mittelpunkt stehen.
- Werben Sie dafür, offene und integrative Unterrichtsformen wie Projektarbeit, Differenzierung, kooperatives und projektorientiertes Lernen, freie Arbeit etc. als schulübergreifendes Prinzip zu etablieren.

Tipp 19: Budget-Check zum Jahresende
Oftmals ist zum Jahresende ein ungenutztes Budget vorhanden.
Check zum Oktober: Gibt es ein noch offenes Jahresbudget?
→ Investition in Material, Möbel, Weiterbildungs- oder Umbaumaßnahmen.

4.3.3 Klasseninterne Ebene

Darin lassen sich von Lehrkräften die meisten Ideen zum individualisierten und differenzierten Lernen umsetzen.

Personell:

- Stellen Sie Kooperationen mit Therapeut*innen her und informieren Sie sich über aktuelle Therapieziele und -inhalte. Finden Sie gemeinsam heraus, welche Maßnahmen im Unterricht umgesetzt werden können.
- Informieren Sie Ihr Kollegium: Informieren Sie Lehrende, die mit stotternden Schüler*innen zusammenarbeiten, über getroffene Vereinbarungen wie Nachteilsausgleich und individuelle Maßnahmen. Dokumentieren Sie diese Vereinbarungen in der Schülerakte, im Klassenbuch und/oder im Lehrerzimmer.

Fachlich:

- Erstellen Sie Konzepte zur Elternarbeit. Stellen Sie Informationen zum Themenbereich Stottern allen Eltern zur Verfügung: → *1.3 Was ist Stottern?* → *1.7 Mythen – der Faktencheck*.
- Ermöglichen Sie fächerübergreifende Schwerpunktthemen, beispielsweise Projekte rund um Themenbereiche wie Kommunikation, Sprache und Sprechen, Miteinander leben, Umgang mit individuellen Besonderheiten.

Räumlich-materiell:

- Erweitern Sie Ihre Klassenbibliothek mit stotterspezifischen Angeboten.
- Passen Sie die Sitzordnung an die Bedürfnisse der stotternden Person an und finden Sie gemeinsam mit dem Kind heraus, welcher Platz der geeignetste ist:
  - Gruppentische mit Kleingruppen vermitteln mehr Geborgenheit als Sitzreihen.
  - Sitzreihen: Bei einer Reihen-Sitzordnung empfiehlt es sich für stotternde Schüler*innen eher vorne zu sitzen. Hier können Sie klarer den Blickkontakt halten und nonverbale Reaktionen besser wahrnehmen.
- Vorteil für den*die Schüler*in: Im vorderen Teil des Klassenzimmers fällt es oft leichter, sich mündlich zu beteiligen. Wenn man weiter hinten sitzt und sich meldet, können sich Mitschüler*innen umdrehen, und alle Blicke richten sich auf die Person, die stottert.
  - Sitznachbar*in: Viele Schüler*innen, die stottern, empfinden es als beruhigend, neben einer vertrauten Person zu sitzen. Kinder mit verdecktem Stottern profitieren davon, wenn eine informierte Person an ihrer Seite ist.

Methodisch-didaktisch:

- Bieten Sie Pull-Out-Programme an, die zusätzliches Lernen zur Individualisierung ermöglichen. Diese Einheiten finden während der regulären Unterrichtszeit statt und erweitern den Lehrplan. Hinweis: Mit „Pull-Out" ist hier der schulische Begriff gemeint, in Verzahnung mit dem Regelklassenunterricht, und nicht die namensgleiche lokale Sprechtechnik in der Stottertherapie („Pull Out").
- Individualisieren Sie Ihren Unterricht: Beispielsweise können Sie durch binnendifferenzierten oder adaptiven Unterricht eine Individualisierung und Differenzierung erreichen. Dabei werden Ziele, Inhalte, Aufgaben und Materialien an die Bedürfnisse der einzelnen Teilnehmer*innen der Lerngruppe angepasst (→ *Tipp 20*).

- Verhaltensregeln zur Kommunikation: Erstellen Sie allgemeine Kommunikationsregeln (→ *Tipp 21*).
- Analysieren und verändern Sie als kommunikativ und belastend wahrgenommene Situationen: Stotternde Kinder empfinden es oft als belastend, wenn sie der Reihe nach vorlesen müssen, plötzlich aufgerufen werden oder vor der Klasse Fragen beantworten müssen. Das gleiche trifft auch auf das Halten von Referaten, mündliche Prüfungen oder generell Sprechen unter Zeitdruck zu (→ *Tabelle 7: Mündliche Mitarbeit: Angebote an stotternde Kinder*).
- Reagieren Sie bei Hänseleien oder Mobbing frühzeitig mit entsprechenden Programmen, idealerweise prophylaktisch (→ *4.4 Anti-Mobbing-Programme*).
- Stärken Sie Stärken, zeigen Sie Veränderungspotential auf, geben Sie positive Rückmeldungen und angemessenes Feedback (→ *Tabelle 5: Wertschätzendes Feedback*).

Wertschätzendes Feedback		
	Negativ-Beispiel	**Positiv-Beispiel**
Der Inhalt zählt, nicht die Form.	• Das war schön gesprochen. • Das war schlimm gestottert. • Oh, das war stark gestottert.	• Danke für deinen Beitrag. • Manchmal kann das Stottern stark sein, es ist stark von dir, wie du dennoch weitersprichst. • Danke für deinen Beitrag. Mutig, wie du durchgehalten hast.
Keine widersprechende Floskel verwenden, wie „aber".	• Das war mutig von dir, aber stark gestottert.	• Das war stark gestottert. Und so mutig von dir.
Bleiben Sie authentisch.	• Häufiges Verwenden gleicher Floskeln • Ständiges Feedback	• Beschreibendes Feedback auf die Person, Situation und auf den Anlass bezogen • Dosiertes Feedback
Keine gut gemeinten Tipps geben.	• Atme erst mal kräftig durch! • Denk erst mal nach! • Sprich langsam! • …	• Freundlich Blickkontakt halten • Nonverbale Hinweise (Kopfnicken, aufmunternder Blick) • Zeit geben, als Zuhörer*in gelassen bleiben

Tabelle 5: Wertschätzendes Feedback

- Zeigen Sie der stotternden Person ihre Ressourcen und Kompetenzen auf.
- Fördern Sie das Vertrauen in eigene Fähigkeiten, die Eigenwahrnehmung und Eigenverantwortung der Schüler*innen und stärken Sie damit die Selbstwirksamkeit.
- Passen Sie das Lehr- dem Lerntempo an.
- Übersehen Sie unauffällige Schüler nicht.
- **Tandem-Partner*in:** Der*die betroffene Schüler*in bestimmt eine*n Tandem-Partner*in. Der*die Tandem-Partner*in übernimmt nach einem vereinbarten Zeichen den mündlichen Beitrag. Er/sie soll jedoch nicht das Sprachrohr des stotternden Kindes werden. Es wird vereinbart, wann und wie oft der*die Tandem-Partner*in einspringen darf und in welchen Situationen es nicht geht. Diese Methode sollte nur übergangsweise eingesetzt werden.

Tipp 20: Beispiel „binnendifferenzierter Unterricht" bei Referaten

Referate vor einer Klasse zu präsentieren, stellt für viele stotternde Schüler*innen eine große Herausforderung dar und wird im Nachteilsausgleich häufig berücksichtigt.

Beispiel für den Nachteilsausgleich im Kontext binnendifferenzierten Unterrichts:

1. Arbeitspakete erstellen:

Die Klasse erhält diverse Arbeitspakete zum Referatsthema (z.B. Paket für Recherche-Team, Paket mit Material, Paket für die Präsentation etc.

2. Teams zusammenstellen:

Schritt 2.1: Schüler*innen finden sich selbstbestimmt in Referatsteams zusammen (wer mit wem, welches Thema?).

Schritt 2.2: Innerhalb des Referatsteams soll die Gruppe weitgehend selbständig das Referatsthema organisieren und die Aufgaben verteilen. Lehrer*innen unterstützen die Schüler*innen ggf. gemäß ihrer individuellen Leistungsfähigkeit, Begabungen und Interessen.

3. Präsentation:

Gruppe präsentiert, Festlegung von Rollen: Wer gestaltet die Präsentation (Layout), wer übernimmt interaktive Elemente (Verteilen von Moderationskarten, Verwenden von interaktiven digitalen Feedbacktools), wer übernimmt in welcher Reihenfolge Sprechanteile? Braucht es für das stotternde Kind eine*n Tandem-Partner*in (s.o.)?

→ Differenzierung im Sinne des Nachteilsausgleichs für stotternde Schüler*innen, individuell abgestimmt:
- **Arbeitspaket:** größerer Schwerpunkt in der Recherche, sprachliche Anteile im 1:1-Setting mit anderen Schüler*innen bzw. mit der Lehrkraft
- **Team:** Zusammenarbeit mit nahestehenden Schüler*innen (Safe-Place), Festlegung der Präsentationsanteile
- **Präsentation:** Übernahme von klar definierten sprachlichen Anteilen, wie z.B.:

a) Nonverbal: Stotternde*r Schüler*in übernimmt nonverbale Präsentationsteile, d.h. er*sie steht mit vorne dabei und übernimmt die nonverbalen Anteile (Feedbackkarten austeilen und wieder einsammeln, Beschriftung auf Flipchart, Pinnwand organisieren etc.).
b) Wortebene: Kind nennt einzelne Begriffe, z.B. Überschriften, Fachbegriffe etc.
c) Satzebene: Kind präsentiert kurze, vorbereitete Sätze wie Überleitungen, Definitionen etc.
d) Moderation: Kind moderiert z.B. mittels Moderationskarten und erteilt Anweisung: „Darauf sollt ihr folgendes notieren…"
e) Längere Passagen: Kind übernimmt vorab definierte Gesprächsanteile, ggf. springt Tandem-Partner*in ein (s.o.).

Exit-Ideen

Der*die stotternde*r Schüler*in kann während der Präsentation autonom über o.g. verbale Beiträge entscheiden und bei stärkerer Symptomatik aussteigen.
- Tandem erstellen: Einzelne Präsentationsteile werden zusammen mit einem anderen Gruppenmitglied vorbereitet (z.B. die Definition eines Begriffes, bestimmte Unterpunkte), ein „Exit-Zeichen" wird vereinbart (z.B. Moderationskarten werden auf den Tisch gelegt). In diesem Fall übernimmt unbemerkt der andere Tandem-Part den vereinbarten Präsentationsteil.
- Karten mit Arbeitsauftrag verteilen: Bei einem stärkeren Stottergefühl werden Auftrags-Karten an das Auditorium kommentarlos verteilt. Ebenso könnte der Tandem-Part die sprachliche Interaktion übernehmen.
- Audio-Video-Podcast vorbereiten: Mündliche Beiträge der stotternden Person werden zuvor als Audio- bzw. Videomitschnitt aufgezeichnet und als „Podcast" präsentiert. Variation: Das Video wird nur der Lehrperson gezeigt, da es mitunter stärker belastend sein kann, sich auf der großen Videoleinwand selbst vor der Klasse (stotternd) zu erleben.

4.3.4 Schüler*innen-Ebene

Individualisierter Unterricht bedarf einiger Absprachen, die in Summe einen offenen Unterrichtsraum ermöglichen, der allen Schüler*innen mit ihren individuellen Bedürfnissen und Ressourcen zugutekommt. Dieser Unterpunkt soll weitere Anregungen für einen individuell gestalteten Nachteilsausgleich geben (→ *3.7 Nachteilsausgleich*).

Tipp 21: Kommunikationsregeln im Umgang mit stotternden Schüler*innen

Projekt: Erstellen Sie mit Ihrer Klasse gemeinsam Kommunikationsregeln, nicht nur für stotternde Kinder. Die Klasse soll Regeln mit Hilfe von KI (künstlicher Intelligenz) erstellen und diese individuell anpassen und erweitern.
Dieses Beispiel wurde mit Hilfe von ChatGPT erstellt und ausführlich individuell ergänzt.

Präambel:
Die Schaffung einer unterstützenden und respektvollen Kommunikationsumgebung für stotternde Kinder in einer Schulklasse erfordert Sensibilität und Verständnis von Seiten der Lehrer*innen und Schüler*innen. Hier sind einige Kommunikationsregeln, die berücksichtigen, wie man eine positive Atmosphäre für stotternde Schüler*innen schaffen kann.

A) Für alle:

Respekt und Geduld: Zeige Respekt und Geduld gegenüber stotternden Mitschüler*innen. Gib ihnen die Zeit, die sie benötigen, um sich auszudrücken, und unterbrich sie nicht. Zeige Geduld, indem du nicht in Eile bist, ihre Sätze vervollständigst oder sie drängst, schneller zu sprechen.

Aufmerksames Zuhören: Höre aufmerksam zu, indem du stotternden Kindern deine volle Aufmerksamkeit schenkst. Aufmerksames Zuhören bedeutet, dass du nicht nur auf die Worte achtest, sondern auch auf die Emotionen und Botschaften, die hinter den Worten stehen.
Das zeigt nicht nur Respekt, sondern fördert auch das Selbstvertrauen. Halte Blickkontakt so, wie du ihn mit anderen Sprecher*innen auch hältst.

Wartezeit einplanen: Plane Wartezeiten beim Sprechen ein, um stotternden Kindern die Möglichkeit zu geben, ihre Gedanken zu sammeln und ohne Druck zu sprechen. Du möchtest deinen Schulfreund bzw. deine Schulfreundin unterstützen? Dann frag höflich nach, ob und wie du bei längeren Stotterereignissen helfen kannst. Am meisten hilfst du ihnen bereits, wenn du freundlich abwartest.

Vermeide Unterbrechungen: Unterbrich andere nicht während des Sprechens. Lass sie ihren Gedanken zu Ende bringen, bevor du antwortest. Ermutigt euch gegenseitig, höflich zu warten, bis die andere Person ihren Gedanken ausgedrückt hat. Das ist für stotternde Schüler*innen besonders wichtig.
Bleib fair: Bleib auch im Streit fair, selbst wenn du dich über die andere Person ärgerst. Es ist äußerst unfair, sich über Äußerlichkeiten, Auffälligkeiten oder das vermeintliche Anderssein anderer lustig zu machen.
Kein Druck zum Sprechen: Setze stotternde Kinder nicht unter Druck, sich zu äußern. Lass ihnen die Wahl, ob und wann sie sprechen möchten.
Projektarbeit: Frage bei gemeinsamen Projektarbeiten (z.B. Referat, Vorstellungen etc.) nach, welche sprecherischen Anteile dein*e stotternde*r Partner*in übernehmen möchte. Vereinbart mit der Lehrkraft, wie die Projektarbeit so verteilt werden kann, dass sich alle wohl fühlen und alle ihre Arbeitsleistung zeigen können.
Inhalt ist wichtig: Reagiere auf den Inhalt und nicht auf die Art, wie jemand spricht.
Nenne es beim Namen: „Stottern“ ist kein schlimmes Wort, wir dürfen es verwenden. Ebenso können wir darüber sprechen, dass Wörter hängen bleiben oder stocken. Was unfair ist: das Wort „Stottern“ als Schimpfwort zu verwenden oder es negativ zu besetzen. Manchmal spricht man flüssig und manchmal stottert man eben.
Beschreibe, aber bewerte nicht: Wir können offen und entspannt über Stottern sprechen. Dabei hilft es allen an der Kommunikation Beteiligten, wenn wir die besondere Art zu sprechen nicht bewerten. „Heute sprichst du aber schön“, ist zwar nett gemeint, kann aber auch so rüberkommen, dass stotternde Menschen „nicht schön sprechen“, wenn sie stottern. Auch die Bemerkung über eine stotternde Person: „Gestern war es ganz schlimm“, kann zwar Mitgefühl zeigen, kann jedoch auch so rüberkommen, als ob du die Person als solche „ganz schlimm“ findest. Stotternde Menschen finden es häufig gut, wenn offen und wertschätzend auf ihr Stottern reagiert wird und sie bemerken, dass es dem anderen nicht peinlich ist. Du kannst z.B. neutral beschreibend so über das Stottern sprechen: „Spannend, was du mir erzählst. Mir fällt auf, dass die Worte gerade ganz stark stecken bleiben.“ Oder auch: „... mir fällt auf, dass dein Stottern gerade sehr stark ist. Ich freue mich, dass du mir das dennoch erzählt hast.“ Wenn du dir unsicher bist, wie du selbst auf das Stottern deines Freundes oder deiner Freundin reagieren sollst, so frag die stotternde Person einfach.

B) Für Lehrer*innen:

Gruppenaktivitäten: Integrieren Sie Gruppenaktivitäten, die die Zusammenarbeit fördern. In einer unterstützenden Gruppenumgebung fühlen sich stotternde Kinder oft wohler.

Bewusstsein schaffen: Schaffen Sie Bewusstsein in der Klasse, indem Sie erklärende Gespräche über Stottern führen. Reduzieren Sie mögliche Vorurteile und stärken Sie das Verständnis unter den Schüler*innen. Lehrer*innen können kurze Präsentationen oder Diskussionen über Vielfalt und Inklusion durchführen, um das Bewusstsein für unterschiedliche Arten der Kommunikation zu schärfen.

Lehrer*innen als Vorbild: Lehrer*innen agieren als Modell und haben eine Vorbildfunktion, indem sie selbst die Kommunikationsregeln respektieren und die Schüler*innen ermutigen, dasselbe zu tun.

Individuelle Bedürfnisse berücksichtigen: Beachten Sie die individuellen Bedürfnisse stotternder Kinder. Ein offenes Gespräch mit ihnen und ihren Eltern kann helfen, passende Unterstützungsmöglichkeiten zu finden.

Wartezeiten aktiv einplanen: Stotternde Kinder benötigen bei der Beantwortung von Fragen mehr Zeit. Lehrer*innen können die Akzeptanz von Pausen fördern, indem sie diese bewusst in Diskussionen einplanen und selbst gelegentlich einbauen. Betonen Sie, wie wichtig es ist, respektvoll zuzuhören.

Positive Verstärkung: Positive Verstärkung fördert die Zusammenarbeit und schafft eine unterstützende Umgebung. Verstärken Sie den Mut sich zu äußern, die aktive Teilnahme und nicht-verbale Mitarbeit.

Angehörigen-Arbeit: Integrieren Sie Eltern und Angehörige (nicht nur) stotternder Kinder. Auch Kinder mit anderen sprachlichen Besonderheiten (Mehrsprachigkeit, Sprachentwicklungsverzögerung, Mutismus) oder insgesamt ruhigere, schüchterne Kinder erfahren so individuelle Unterstützung.

Diese Kommunikationsregeln sollen dazu beitragen, eine inklusive und unterstützende Umgebung für stotternde Kinder in der Schulklasse zu schaffen. Es ist wichtig zu betonen, dass jedes Kind unterschiedlich ist, und die Regeln sollten flexibel sein, um den individuellen Bedürfnissen gerecht zu werden. Diese Regeln unterstützen nicht nur stotternde Kinder, sondern verhelfen zu einer insgesamt wertschätzenden Klassenkommunikation.

Stottern thematisieren

Soll man betroffene Schüler*innen auf ihr Stottern ansprechen? Generell wird ein offener, respektvoller Umgang empfohlen, auch um notwendige Unterstützung anbieten und im Bedarfsfall die entsprechenden Schritte einleiten zu können (z.B. Nachteilsausgleich, das Kollegium informieren etc.). Wägen Sie im Einzelfall die Schrittfolge ab. *Tabelle 6: Stottern thematisieren - ein Überblick* gibt Impulse, abhängig davon, ob eine offene Symptomatik für alle Beteiligten sichtbar ist oder ob die stotternde Person ihre Symptomatik versteckt und womöglich noch nicht geoutet ist (→ *1.3.3 Offene und verdeckte Symptome*).

Stottern thematisieren	Offenes Stottern	Verdecktes Stottern
Was?	Offenes Stottern: Alle in der Klasse bemerken die Stotterereignisse. Die stotternde Person zeigt die sichtbare Symptomatik offen.	Verdecktes Stottern: Die Symptomatik ist nicht klar zu erkennen, die stotternde Person zeigt kaum (oder gar keine) sichtbare Symptomatik.
Voraussetzung	Mit dem betroffenen Kind werden die Maßnahmen vorab besprochen und ggf. unter Einbezug der Angehörigen konsentiert.	
Ziel	Offener, wertschätzender und respektvoller Umgang mit Stottern seitens aller Beteiligten (das betroffene Kind, Mitschüler*innen und Lehrer*innen)	
Problemstellung	Alle in der Klasse bemerken das Stottern und einige sind unsicher, wie man darauf reagieren soll. Mitunter irritieren die Unflüssigkeiten Lehrer*innen und/oder Mitschüler*innen. Auch Angehörige nicht stotternder Schüler*innen können verunsichert sein, etwa bezüglich der Frage, ob Stottern per Nachahmung übernommen werden kann (→ *1.7 Mythen – der Faktencheck*).	Keine*r oder nur einzelne in der Klasse wissen über das Stottern Bescheid. Stottern wird tabuisiert und versteckt, z.B. aus Sorge vor negativen Reaktionen. Es gilt folgende Punkte zu differenzieren: • Es handelt sich um eine sehr milde, für Außenstehende kaum erkennbare Symptomatik. Die stotternde Person versteckt ihre Symptomatik nicht bewusst. • Die stotternde Person versteckt mit zahlreichen Vermeidetricks (→ *1.3.2 Kern- und Begleitsymptomatik*) ihre Symptome.

Tabelle 6: Stottern thematisieren - ein Überblick (Fortsetzung auf der folgenden Seite)

Stottern thematisieren	Offenes Stottern	Verdecktes Stottern
Problem-stellung		• Eine Kombination der beiden genannten Punkte Frage an die stotternde Person: Dürfen andere in der Klasse von deinem Stottern wissen? Ist es vorstellbar, das Tabu aufzulösen?
Weshalb?	• Ein offenerer Umgang ist enttabuisierend und meist entlastend. • Alle erhalten die Möglichkeit, das Stottern auf ihre persönliche Weise anzusprechen. • Mitschüler*innen sind weniger stark irritiert und wissen besser damit umzugehen. • Der*die stotternde Schüler*in kann angst- und schamfrei sprechen.	
Wie?	• Kommunikationsregeln für die Klasse festlegen (→ *Tipp 21*) • Aufklären: Was ist Stottern? (→*1.3.2 Kern- und Begleitsymptomatik*) • Mythen des Stotterns überprüfen (→ *1.7 Mythen – der Faktencheck*) • Fachliche Terminologie verwenden: Nennen Sie „Stottern“ beim Namen bzw. wählen Sie bei kleineren Kindern eine erklärende Beschreibung wie z.B.: „Wörter können stecken bleiben, hüpfen. Die Wörter stottern also.“).	• Stottern wurde noch nicht thematisiert? Sprechen Sie den*die Schüler*in behutsam in einem Einzelgespräch darauf an. Formulieren Sie Ich-Botschaften und Vermutungen („Mir ist aufgefallen, dass…), KEINE Zuschreibungen („Du stotterst ja…“ oder gar „Du bist ein Stotterer“). • Ggfs. zuvor fachlichen Rat einholen (→ *Tipp 18 „Frag die Expertinnen und Experten“*)
Beispiele	• Ich habe bemerkt, dass du manche Wörter schwer rausbekommst und dabei stotterst. • Ich habe bemerkt, dass dein Stottern stärker wird, wenn ich dich aufrufe. Was könnte dir denn helfen oder was könnte ich anders machen? • Ich weiß nicht so recht, wie du dich dabei fühlst. • Manchmal weiß ich nicht so recht, wie ich darauf reagieren soll, wenn die Wörter sehr stark hängen bleiben.	• Mir ist aufgefallen, dass du manchmal an Wörtern hängen bleibst, ich habe den Eindruck, dass du manchmal manche Wörter nicht sprechen kannst bzw. dass die Wörter hängen bleiben. Das wirkt auf mich wie Stottern. • Mir fällt auf, dass du dich immer weniger am Unterricht beteiligst, und ich beobachte, dass du immer wieder Sätze ganz schnell abbrichst.

<table>
<tr><th>Stottern thematisieren</th><th>Offenes Stottern</th><th>Verdecktes Stottern</th></tr>
<tr><td>Beispiele</td><td>• Darüber möchte ich gerne mit dir ausführlicher sprechen.</td><td>• Mein Eindruck ist, dass du dich früher stärker mündlich am Unterricht beteiligt hast. Was könnten die Gründe dafür sein? Ich meine manchmal zu beobachten, dass du etwas sagen möchtest, und kurz davor abbrichst, vielleicht, weil du am Wort hängen bleiben könntest?
• Deine schriftliche Leistung ist besser als dein mündlicher Beitrag. Ich vermute, es gibt Gründe dafür, und möchte mich mit dir gerne darüber unterhalten, die Gründe erfahren und dir Unterstützung anbieten.</td></tr>
<tr><td>Schrittfolge</td><td colspan="2">1. Zuerst das betroffene Kind in einem ruhigen Moment alleine darauf ansprechen.
2. Bei jüngeren Kindern vorab mit Angehörigen sprechen.
3. Problemstellung definieren, gemeinsam Lösungen finden („Waswünschst du dir?“)
4. Vor der Klasse offen damit umgehen (Stottern zeigen, nicht verstecken): Hinterfragen, wie stark das Kind in den Klassenverband integriert ist. Wie sind die Beziehungen in der Klasse untereinander, wie offen geht die Klasse mit Diversität um? Gibt es bereits Mobbingerfahrungen in der Klasse? Welche Gründe könnten gegen ein Outing in der Klasse sprechen? Welche dafür? Welche spezialisierten Fachkräfte könnten mit einbezogen werden?</td></tr>
<tr><td>Verbündete finden</td><td colspan="2">Unterstützende Personen können sein:
- Behandelnde Therapeut*innen,
- beste Freund*innen, die zuerst informiert werden,
- Angehörige,
- Beratungsstellen, sonderpädagogische (mobile) Dienste, Sprachtherapeut*innen.</td></tr>
</table>

Tabelle 6: Stottern thematisieren – ein Überblick

Tipp 22: Buchempfehlungen als Klassenlektüre

Es liegen zahlreiche, altersgerechte Bücher für Kinder, Jugendliche und junge Erwachsene vor, die sich als Schullektüre anbieten und Menschen mit Stottern positiv thematisieren. Übrigens nicht nur zu empfehlen, wenn ein stotterndes Kind in der Klasse ist, sondern auch allgemein zu den Themen Diversität, Leben mit Behinderung, Anders-Sein.

Beispielhaft sind folgende Titel zu nennen:
- Für Kinder ab 6: *Benni*. Eine lustige Comic-Reihe (Natke 2021, Natke Verlag)
- Für Kinder ab 7: *Stoppilino*. Ein munteres Mutmach-Buch, das als Vorlese-Buch auch für jüngere Kinder geeignet ist (Colthorp & Herdter 2022, Demosthenes Verlag)
- Für Kinder ab 10: *Rike*. Die 13-jährig Rike ist eigensinnig und verliebt. Und muss mit ihrem Stottern zurechtkommen. Es wird ihr gelingen. Dabei erlebt sie spannende Pferdeabenteuer. Zwei Bände. (Şaşmaz 2017/2020, Demosthenes Verlag)
- Für Jugendliche: *Hallo hier ist Felix*. Ein 15-jähriger stotternder Junge findet seinen Weg (Klare 2008, Demosthenes Verlag)
- Für Kinder und Jugendliche: *Ich bin wie der Fluss*. Ein kunstvoll gestaltetes Bilderbuch mit einfühlsamen Texten (Aladin Verlag)
- Für Jugendliche: *Dreizehn Arten das Stottern zu betrachten*. Der amerikanische Autor David Mitchell (Cloud Atlas, Black Swan) beschreibt kurzweilig und eindrucksvoll 13 Arten, sein Stottern zu betrachten. Es beginnt dunkel und schwermütig und wird von Seite zu Seite leichter. Es eignet sich auch für den Englischunterricht, da jeder Text zweisprachig (Deutsch – Englisch) abgedruckt ist (Mitchel 2016).

Für ältere Jugendliche, für den Englischunterricht: *Life on Delay: Making Peace with a Stutter*. Eine mit Auszeichnungen versehene Biographie eines amerikanischen Journalisten (Hendrickson 2023).

Der QR-Code führt Sie zur Online-Seite des Ratgebers mit weiteren Informationen.
→ *www.demosthenes-verlag.de/ratgeber-stottern-schule*

Tipp 23: Brief eines stotternden Schülers an seine Lehrer*innen:

Folgenden Brief verteilt Benjamin Schmidt, der hier gerne mit seinem Klarnamen genannt werden möchte, an seine Lehrer*innen zu Schuljahresbeginn. Nutzen Sie diesen gerne als Vorlage und geben Sie ihn an stotternde Schüler*innen weiter.

An meine neuen Lehrerinnen und Lehrer!

Hallo, mein Name ist B-B-B-Benjamin, manchmal sage ich auch ____(Pause)____Benjamin, oder ich schaffe es gar nicht, meinen Namen zu nennen.
Ich stottere ca. seit meinem dritten Lebensjahr, mal mehr und mal weniger. Jedenfalls kann ich nur schlecht sagen, was ich will, und muss mir beim Sprechen immer genau überlegen, was für Worte ich verwenden kann. Es gibt für mich einfache und schwierige Laute.
Schlimm ist, wenn ich gar nicht zu Wort komme, weil ich es einfach nicht so schnell schaffe wie alle anderen oder jemand für mich meine Sätze beendet.
Oft sage ich gar nichts oder gebe auf Fragen die Antwort: „Keine Ahnung“, weil eine Antwort für mich nicht möglich ist. Dies passiert besonders dann, wenn ich überraschend etwas sagen soll oder die Antwort für mich zu lang wäre.

Mein Stottern variiert situationsabhängig. Ein Beispiel: Auf dem Pausenhof kann ich mich mit einem Mitschüler unterhalten und ich stottere dabei wenig. Präsentationen vor der Klasse sind für mich momentan nicht möglich, da ich dabei gar nicht sprechen kann.
Für mich ist Sprechen sehr anstrengend und ich habe manchmal auch sogenannte Begleitsymptome, d.h. ich zwinkere mit den Augen oder verziehe die Gesichtsmuskulatur. Diese Bewegungen nehme ich selbst nicht wahr und kann sie nicht steuern. Wie sollten Zuhörer auf Stottern reagieren? Verhalten Sie sich einfach ganz normal und halten Blickkontakt. Geben Sie mir Zeit zu sprechen. Nehmen Sie mich im Unterricht bitte möglichst nur dran, wenn ich mich melde. Falls ich nicht sprechen kann (wir können auch ein Zeichen vereinbaren), machen Sie bitte weiter. Gute Ratschläge wie „Nur ruhig“, „Atme tief durch!“ oder „Denk nach, bevor du sprichst!“ helfen mir nicht. Nur gelassenes Zuhören und Vertrauen zueinander geben mir die Sicherheit zu sprechen. Toll wäre es, wenn Sie mir kurz signalisieren, dass Sie über mein Stottern Bescheid wissen. Meistens antworte ich nur stichwortartig, da ganze Sätze nicht immer möglich sind.
Bisher hat es in der Schule ganz gut geklappt, und ich hoffe, es wird auch weiterhin funktionieren.
Vielen Dank für Ihr Verständnis und Ihre Geduld.
Ich freue mich auf Sie.
Ihr Benjamin Schmidt

Der Brief ist als Vorlage auch online zu finden:
→ *www.demosthenes-verlag.de/ratgeber-stottern-schule*

Auf Stottern reagieren

Wie soll auf das Stottern des Kindes reagiert werden?

Wie so oft ist auch hier die Antwort nicht eindeutig, sondern individuell unterschiedlich und sollte mit dem Kind und – je nach Alter – den Angehörigen abgestimmt werden.

Generell gilt:

Vermeiden Sie direkte Aufforderungen wie „Sprich langsam“ oder „Atme erst einmal durch“, diese erhöhen den Sprechdruck und wirken eher verstörend. Vereinbaren Sie gemeinsam mit dem Kind, seinen Eltern und ggf. seinem Therapeuten oder seiner Therapeutin individuelle Maßnahmen und reduzieren Sie belastende Kommunikationssituationen (→ *Tabelle 6: Stottern thematisieren - ein Überblick*).

Sollen in der Therapie gelernte Sprechtechniken in den Unterricht integriert werden und sollen Lehrer*innen Kinder hierzu ermutigen? Stottertherapie ist sehr komplex und beinhaltet neben Techniken zum flüssigeren Sprechen auch Maßnahmen, die zu einer höheren Lebensqualität beitragen sollen (→ *2 Stottertherapie* und → *2.5 Sprechtechniken*). In einer bestimmten Therapiephase könnte beispielsweise das Ziel sein, belastendes Vermeideverhalten abzubauen und echtes Stottern zu zeigen. In dieser Phase werden womöglich deutlich mehr Stotterereignisse auftreten. Ein Hinweis, Sprechtechniken anzuwenden, wäre in diesem Fall kontraindiziert. In einer anderen Therapiephase werden Patient*innen ermutigt, absichtliches, lockeres Pseudo-Stottern anzuwenden, u.a. um sich gegen auffälliges Sprechen zu desensibilisieren.

Andererseits kann es hilfreich sein, Schüler*innen, die mit Techniken zur Verflüssigung des Sprechens vertraut sind, im schulischen Kontext bei deren Anwendung zu unterstützen. Sprechen Sie mit dem Kind über gemeinsame Ziele und konkrete Anwendungsmöglichkeiten und fragen Sie ggf. bei der behandelnden Therapeutin bzw. dem behandelnden Therapeuten nach.

Tipp 24: Fragebogen für stotternde Schüler*innen zum Umgang

Ein online frei verfügbarer Fragebogen „Fragebogen zum Umgang mit Stottern in der Schule“ (Neidlinger et al. 2016) für stotternde Schüler*innen vermittelt erste Informationen und bildet einen Gesprächsrahmen.

Der QR-Code führt Sie zur Online-Seite des Ratgebers mit weiteren Informationen.

→ www.demosthenes-verlag.de/ratgeber-stottern-schule

Kommunikationsverhalten

Stotternde Schüler*innen berichten immer wieder davon, dass sie sich ohne Stottern aktiver am Unterricht beteiligen würden. Ein angepasstes Kommunikationsverhalten kann Schüler*innen motivieren, die Teilhabe am Schulleben auszubauen. Vereinbaren Sie mit dem Kind, ob und welche Frageformen hilfreich sind.

- **Offene Fragen** fordern zu längeren, linguistisch komplexeren Äußerungen auf. Für Kinder mit starker Symptomatik oder für Kinder, die ihr Stottern (noch) nicht offen zeigen können, stellen diese Fragen eine hohe Herausforderung dar: „Was hast du am Wochenende gemacht?", „Erzähl mal, wie das Spiel geht!", „Um was geht es in dem Film?".
  Alternativfragen sind mit Ein- oder Zweiwortäußerungen einfacher zu beantworten, z.T. auch nonverbal: „Bist du am Wochenende zu Hause geblieben oder habt ihr einen Ausflug gemacht?", „Muss ich eine Karte ziehen oder einmal aussetzen?", „Ist das ein Actionfilm oder ein Krimi?"
- **Paraphrasierung:** Fragen Sie aktiv nach und wiederholen Sie zuletzt Gesagtes. Mit einer Folgefrage helfen Sie, die Antwort zu strukturieren: „Ach so, dann seid ihr also zu deiner Oma gefahren. Da hast du dich bestimmt gefreut. Wie seid ihr denn da hingekommen, mit dem Auto oder mit dem Zug?", „Ach ja, ich spiele also mit beiden Würfeln und muss dann eine Karte ziehen, wenn ich auf das rote Feld komme. Was muss ich mit der Karte machen?", „Dann fuhr also Harry Potter mit dem Zug los. Wie hat er denn den Bahnsteig gefunden?"
- **Antwortfragen:** Für Kinder mit starken Sprechängsten und Rückzugsverhalten eröffnen Fragen, die die Antwort bereits vorgeben und nonverbal beantwortet werden können, eine erste Möglichkeit, sich aktiv zu beteiligen. Diese Fragetechnik sollte nur phasenweise Anwendung finden. „Du bist also am Wochenende zu Hause geblieben, ja?", „Du spielst das Spiel also sehr gerne?", „Und, der Film hat dir bestimmt gefallen?"
- **Gesprächspartner:** Kleinere Gruppen oder 1:1-Situationen sind in der Regel weniger belastend als vor größeren Gruppen oder vor der gesamten Klasse zu sprechen. Ebenso unterstützt es sprachlich zurückhaltende Kinder, Unterrichtsbeiträge mit befreundeten, vertrauten Personen zu teilen.
- **Impulse geben:** Setzen Sie Gesprächsimpulse mit Sprechpausen, in denen Kinder ihre Äußerungen einbringen können. Fordern Sie nicht direkt zum Sprechen auf und warten Sie ab, ob sich der*die Schüler*in beteiligt. Variation: Die bewusst gesetzten Gesprächspausen werden vorab dem betroffenen Kind angekündigt. Es wird ihm freigestellt, auf die Pause inhaltlich zu reagieren.

Beispiel:
Lehrerin: „Ich habe letztes Wochenende einen Ausflug gemacht, das Wetter war ja sehr schön. Ich kann mir vorstellen, dass ihr auch unterwegs wart." Kurze Sprechpause. „Einige haben bereits erzählt, dass sie beim Schwimmen waren. Andere haben ein Eis gegessen." Kurze Sprechpause, freundlicher Blick zum Schüler – „Ich weiß sogar, dass jemand ein Haustier bekommen hat. Ich glaube es war ein Hund – oder vielleicht doch eine Katze." – Kurze Sprechpause etc. pp.

- **Nonverbale Beteiligung:** Je nach Situation werden Beiträge (von allen Schüler*innen) nonverbal eingebracht: Mit Bildern, die eventuell im Anschluss besprochen werden, schriftlichen Antworten auf Flipchart oder Whiteboard.

Tipp 25: Beispiel zum Kommunikationsverhalten
In einem Projekt wird ein Kurzvortrag vorbereitet, der zum Stundenende vor der Klasse gehalten werden soll. In Kleingruppen werden die Inhalte erarbeitet.
1. Sprechen auf Wort- oder Satzebene in Kleingruppe: Auf einem Board werden Stichpunkte gesammelt, jedes Kind entscheidet, ob es seinen Beitrag vorlesen möchte. Zusammenfassend kann ein Gruppenmitglied alle Texte vorlesen.
2. Sprechen auf Satzebene in Kleingruppe: Jedes Kind recherchiert Inhalte zum Projektthema. Ein Kind nennt ein Wort oder einen Satz, ein anderes Kind paraphrasiert erweiternd den Inhalt. Wer übernimmt welchen Part?
3. Präsentation in größerer Gruppe: Inhalte werden auf Plakaten präsentiert. Der*die Lehrer*in stellt zum Inhalt Alternativfragen oder paraphrasiert die Inhalte. Den Vortrag gestaltet das betroffene Kind aktiv mit und entscheidet, ob es den nonverbalen Anteil übernimmt, einzelne Stichpunkte benennt oder Teile mitpräsentiert.
Die einzelnen Sprechanteile werden mit dem*der Schüler*in vorab besprochen.
Variation: In der Kleingruppe werden bereits Pausen vereinbart, in denen das stotternde Kind ergänzende Informationen beisteuern kann.

Mündliche Mitarbeit

Wie kann Unterricht gestaltet werden, so dass Kinder mit Stottern im Sinne der Behindertenrechtskonvention daran teilhaben können, und wie kann ein individualisiertes Angebot konkret umgesetzt werden? *Tabelle 7: Mündliche Mitarbeit: Angebote an stotternde Kinder* gibt einen Überblick.

Mündliche Mitarbeit	Beschreibung	Alternativen
Reihum-Sprechen	Das Reihum-Sprechen wird von fast allen stotternden Kindern als stark belastend empfunden. Vorstellungsrunden, in denen reihum alle Kinder etwas sagen müssen, der Reihe nach vorlesen sollen oder ausgefragt werden, erhöhen die psychische Anspannung und triggern Ängste und Schamgefühle. Noch belastender ist es, sich z.B. zum Schuljahresbeginn vor einer (noch) unbekannten Klasse vorstellen zu müssen, oder in Projekten mit fremden Schüler*innen sich vorab reihum vorstellen zu müssen.	• **Verzicht:** Die beste Alternative ist, ganz auf dieses Unterrichtsprinzip zu verzichten. • **Fallschirm:** Der*die Schüler*in muss sich nicht einreihen und gibt ein Zeichen ob er oder sie bereit ist oder übersprungen werden möchte. Die Klasse sollte vorab darüber informiert sein. Voraussetzung: Das Stottern des Kindes ist in der Klasse offen bekannt. Alternative: Allen Schüler*innen steht der Fallschirm zur Verfügung. • **Erster:** Manchen hilft es auch, gleich zu Beginn einer Reihe zu sprechen. • **Nonverbal:** Gestalten Sie die Kommunikation offen, indem Sie unterschiedliche kreative Antwortmöglichkeiten bereit stellen: Verbale Äußerungen, schriftliche Äußerungen z.B. auf Moderationskarten oder auf Whiteboard, künstlerische Äußerungen mittels Bildern. • **Sprecher*innen:** Mehrere freiwillige Sprecher*innen tragen die schriftlich gesammelten Äußerungen vor.
Vorlesen	Vorlesen wird als ähnlich belastend wie Reihum-Sprechen empfunden. Soll der Reihe nach vorgelesen werden, so versuchen viele Betroffene, den Abschnitt, den sie voraussichtlich lesen sollen, vorab zu identifizieren. Dabei erhöhen sich die Wortängste vor erwarteten Hürden. Stotternde mit Vermeideverhalten können beim Vorlesen ihre Coping-Strategien (→ *1.3.2 Kern- und Begleitsymptomatik*) nicht anwenden und fühlen sich dem Kontrollverlust ausgeliefert.	• **Unisono-Lesen:** Der*die Betroffene liest gleichzeitig (parallel) mit einer oder mehreren Person(en) Dies führt bei Stotternden meist zu einer deutlichen Symptom reduktion. Vorstellbare Variationsmöglicheiten: Eine Kleingruppe beginnt gemeinsam zu lesen, nacheinander steigen einzelne Schüler*innen aus, bis der*die Stotternde alleine liest. Auf ein vereinbartes Zeichen kann er*sie seine Mitleser*innen wieder aktivieren oder das Wort abgeben. • **Fade in:** Es wird vereinbart, dass sich der*die stotternde Schüler*in beim Vorlesen parallel einblendet. Er*sie beginnt also selbständig und in freier Entscheidung, parallel mitzulesen. Je nach Variation kann sich der*die Mitschüler*in ausblenden oder entscheiden weiterzulesen. Dies eignet sich auch für Kinder mit Leseängsten. • **Text definieren:** Mit dem Kind wird besprochen, ob es einen ausgewählten Textteil zum Vorlesen vorbereiten kann. Anfangs sollten kurze Textteile vereinbart werden, z.B. auf Wortebene. Ihm wird damit ermöglicht, an der

Tabelle 7: Mündliche Mitarbeit: Angebote an stotternde Kinder (Fortsetzung auf der folgenden Seite)

Mündliche Mitarbeit	Beschreibung	Alternativen
		Klassenaufgabe teilzunehmen und mitzumachen und es lernt gleichzeitig, mit seinen Ängsten umzugehen. • **Kleineres Setting:** Das Kind liest dem*der Lehrer*in in einem ruhigen Moment alleine oder in einer Kleingruppe etwas vor. Für den einen kann es entlastend sein, dem*der Lehrer*in unter vier Augen vorzulesen, während es andere als stärker belastend empfinden. • **Audioaufzeichnung:** Der Lesetext wird in einem separaten Raum oder zu Hause aufgezeichnet. Es geht nicht darum, möglichst stotterfrei zu lesen. Die Aufnahme wird nicht vor der gesamten Klasse abgespielt bzw. nur nach Rücksprache mit dem Kind. • **Freistellen:** Ist Vorlesen mit den genannten Alternativvorschlägen dennoch nicht durchführbar, vereinbaren Sie eine Freistellung über einen definierten Zeitraum.
Mündliche Beiträge, Aufrufen	Nicht wenige stotternde Schüler*innen erleben Unterricht in der permanenten Angst, plötzlich aufgerufen zu werden oder plötzlich etwas sagen zu müssen.	• **Melden vereinbaren:** Rufen Sie den*die betreffende*n Schüler*in nur nach eigeninitiativer Meldung auf. Variation: Vereinbarung einer bestimmten Anzahl mündlicher Beiträge pro Tag oder pro Woche. Motivieren Sie Ihre*n Schüler*in zu regelmäßigen Beiträgen und hinterfragen Sie fortwährend, ob die vereinbarte Zahl durchführbar ist. Loten Sie aus, welchen Anforderungen und Herausforderungen sich der*die Schüler*in stellen kann und ob sie zumutbar sind. Akzeptieren Sie die genannten Grenzen. • **Antworten schriftlich fixieren:** Ein erster Schritt ist es oftmals, sich überhaupt zu melden und auf sich aufmerksam zu machen, geantwortet wird schriftlich. Damit dies nicht zu einer dysfunktionalen Coping-Strategie wird (→ *1.3.2 Kern- und Begleitsymptomatik*), kann das nur eine Zwischenlösung zum „Melden vereinbaren" sein. • **Geringe sprachliche Anforderung:** Besprechen Sie mit Ihrem*r Schüler*in, in welchen Fächern er*sie inhaltlich besonders viel beizutragen weiß und sich (inhaltlich) sicher fühlt. Zeigen Sie ihm*ihr im Vorgespräch, dass Sie Fragen mit kurzen Antworten stellen können (statt

Mündliche Mitarbeit	Beschreibung	Alternativen
		„Erzähl mal, was wir letzte Stunde gemacht haben." besser: „Nenne mir ein Thema der letzten Stunde.") • **Raum geben:** Geben Sie dem stotternden Kind den Raum, den es benötigt. Sorgen Sie dafür, dass es seine Wortmeldung ungestört beitragen kann. Lassen Sie es ausreden, halten Sie Blickkontakt und stellen Sie Kommunikationsregeln für die Klasse auf (→ *Tipp 21 Kommunikationsregeln*).
Mündliche Benotung	Mündliche Leistungsnachweise stellen für viele Stotternde eine weitaus höhere Belastung als für ihre nicht stotternden Mitschüler*innen dar. Neben der von allen gleich empfundenen Prüfungsanforderung und individuell wahrgenommenen Prüfungsängsten kommt bei stotternden Schüler*innen die Sorge vor einem sprecherischen Kontrollverlust hinzu. Ebenso sorgen sich viele Schüler*innen mit Stottern, den Inhalt nicht angemessen verbalisieren zu können oder durch gestotterte Antworten negativ benotet zu werden. Weiterhin gilt es zu beachten, dass überwachtes Sprechen (z.B. bei der Anwendung einer Sprechtechnik, → *2.5 Sprechtechniken*) eine zusätzliche kognitive Anforderung darstellt, die nicht stotternde Schüler*innen nicht zu bewältigen haben.	• **Mehr Zeit:** Räumen Sie für die Beantwortung von Fragen mehr Zeit ein. Stille Blockierungen sind selbst für Expertinnen und Experten kaum zu erkennen und können als langes Überlegen missinterpretiert werden. Fragen Sie im Zweifel nach, ob der*die Schüler*in die Antwort weiß und ggf. gerade nicht aussprechen kann (→ *3.7 Nachteilsausgleich*). • **Vier-Augen-Gespräch:** Stellen Sie die Fragen ohne Beisein der Klasse, in ruhiger Atmosphäre und mit ausreichender Zeitvorgabe. Vermitteln Sie dem*der Schüler*in, dass sein*ihr Stottern akzeptiert ist und nicht in die Bewertung einfließt. • **Schriftliche Antwort:** Vereinbaren Sie zuvor, dass die Fragen bei stärkeren Kontrollverlusten schriftlich beantwortet werden dürfen. Fragen Sie zuvor nach, ob dies als Entlastung empfunden wird. Unangekündigt kann diese Alternative demütigend wirken. Oftmals bietet sich die Verschriftlichung als zusätzliche Hilfe zum Vier-Augen-Gespräch an. Orthografische Fehler dürfen per Richtlinie zum Nachteilsausgleich nicht bewertet werden. • **Berücksichtigung sprachlicher Besonderheiten:** Berücksichtigen Sie bei der Beurteilung dessen, was Sie hören, nicht nur die Unflüssigkeiten, sondern auch die durch Coping-Strategien möglichen Schleifen, Einschübe und Satzumstellungen. Die Äußerungen wirken in diesen Fällen unstrukturiert, es wirkt, als ob der*die Schüler*in nicht auf den Punkt kommen könnte.

Tabelle 7: Mündliche Mitarbeit: Angebote an stotternde Kinder (Fortsetzung auf der folgenden Seite)

Mündliche Mitarbeit	Beschreibung	Alternativen
	Um diese stressbeladene Situation schnell zu beenden oder zu umgehen, geben stotternde Schüler*innen immer wieder vor, die Antwort nicht zu wissen und riskieren so oftmals eine schlechtere mündliche Note.	Ebenso ist in manchen Fällen symptomatisch bedingt ein verändertes Betonungsmuster feststellbar. Letzteres sollte bei der Benotung fremdsprachlicher mündlicher Leistungen berücksichtigt werden und nicht als Fehler missverstanden werden. Bei antizipiertem Stottern ersetzen Stotternde angstbesetzte Wörter oftmals. Berücksichtigen Sie dies auch beim Abfragen spezieller Fachtermini oder Vokabeln. Angewendete Sprechtechniken wie weiches Sprechen oder Silbenbindungen (→ *2.5 Sprechtechniken*) können das Betonungsmuster, je nach Anwendungsintensität, mehr oder minder stark verändern. Auch das sollte insbesondere im fremdsprachlichen Unterricht nicht negativ bewertet werden.
Referate	Referate erfordern über einen längeren Zeitraum eine hohe kognitive Bereitschaft: Inhalte sollen unter Medieneinsatz anschaulich versprachlicht und präsentiert werden. Für Kinder mit Stottern kommt erschwerend hinzu, dass sie ihr Sprechen kontrollieren müssen, was eine zusätzliche höhere kognitive Anforderung darstellt. Dem Kontrollverlust des Sprechens sind sie dabei vor der gesamten Klasse ausgesetzt. Für viele stotternde Kinder sind Referate deshalb angstbesetzt, bereits weit vor dem Präsentations-Termin.	• **Mehr Zeit:** Auch hier spielt der Zeitfaktor eine große Rolle. Klären Sie in einem Vorgespräch mit dem*der Schüler*in, ob es ihm*ihr hilft, mehr Zeit zu erhalten. • **Platzwahl:** Bieten Sie dem Kind an, das Referat stehend oder sitzend zu halten, von seinem Platz aus oder hinter dem Pult. Üben Sie in Kleingruppen die Referatssituation (Wie fühlt es sich an, vorne zu stehen, wer möchte lieber sitzen, wo ist der sicherste Platz?). • **Team-Work:** Das Referat wird von mehreren Schüler*innen erarbeitet, die Aufgaben werden unterschiedlich verteilt. Stotternde übernehmen für sie passende Aufgaben (Medieneinsatz, Vor- und Nachbereitung, stärkerer Schwerpunkt in der Erarbeitungsphase, Recherche und Ausarbeitung etc.). • **Ankerpunkte:** In Kombination mit „Team-Work" wird vereinbart, dass an definierten Stellen ein Wortbeitrag geleistet werden kann. Es werden mehrere Ankerpunkte festgelegt. Dem stotternden Kind wird freigestellt, ob und wie es an diesen Punkten den vorbereiteten Beitrag präsentieren möchte (verbal, nonverbal per Flipchart, Plakat). • **Benotung:** Die Note ist nicht vom Anteil des

Mündliche Mitarbeit	Beschreibung	Alternativen
		mündlichen Beitrags abhängig, es fließen weitere vorab vereinbarte Elemente mit ein (erweiterte Recherche, Zusammenstellung von Material, Skripten etc.) • **Audio-, Videovortrag:** Das Referat wird an einem Safe-Place als Audio- oder Videovortrag erstellt, auch mehrere Takes sind erlaubt. In Kombination mit dem Gruppenvortrag ist vorstellbar, dass der*die stotternde Schüler*in seinen*ihren Teil auf Video aufzeichnet und später inhaltlich einbindet. Es wird vorab vereinbart, ob der aufgezeichnete Beitrag vor der Klasse abgespielt wird. Sich selbst stotternd vor der Klasse sprechen zu sehen und zu hören – womöglich noch überlebensgroß via Beamer – kann zusätzlich beschämend sein. → *Tipp 20: Binnendifferenzierter Unterricht*

Tabelle 7: Mündliche Mitarbeit: Angebote an stotternde Kinder

4.4 Anti-Mobbing-Programme

Mobbing ist ein ernstes Problem an Schulen, das weitreichende Auswirkungen auf die psychische Gesundheit, das Lernverhalten und die soziale Entwicklung der betroffenen Schülerinnen und Schüler haben kann (Olweus 1997). Die präventive Verhinderung von Mobbing erfordert innovative Ansätze, die über die herkömmlichen reaktiven Maßnahmen hinausgehen. Der Handlungsbedarf an den Schulen ist groß (Benecken & Spindler 2004). Es gibt deutliche Hinweise auf Viktimisierungserfahrungen stotternder Jugendlicher in Form von Mobbing (Mallick et al. 2018, Benecken & Schindler 2002, 2004).

Demnach waren zwischen 75 % und 92 % der stotternden Schüler*innen von Mobbing betroffen. Benecken & Schindler (2004) beschreiben das Profil eines Schülers mit hohem Mobbing-Risiko als einen 11-13-jährigen stotternden männlichen Jugendlichen mit geringem soziometrischen Status, wenigen Freund*innen und einem vermeidenden Interaktionsstil sowie weiteren Abweichungen von der Norm. Es ist zu vermuten, dass trotz Aufklärungsarbeit und einer gestiegenen Sensibilität in puncto Diversität stotternde Schüler*innen auch aktuell noch Viktimisierung erfahren oder zu befürchten haben. Anti-Mobbing-Programme beginnen bereits präventiv vor einem ersten Vorfall (Jannan 2015).

Es ist wichtig zu beachten, dass die folgende Übersicht keinen Ersatz für professionelle Hilfe darstellt. Bei ernsthaften Mobbingproblemen sollten betroffene Schüler*innen sowie deren Angehörige unbedingt professionelle Unterstützung durch Schulpsychologen und psychologinnen, Beratungslehrer*innen oder andere Fachleute in Erwägung ziehen.

Peer-Mediation: Das Konzept der Peer-Mediation bezieht sich auf die Ausbildung von Schüler*innen als Mediatoren, um Konflikte unter ihresgleichen zu lösen. Die Wirksamkeit dieses Ansatzes liegt in der Förderung von Kommunikationsfähigkeiten, Empathie und sozialer Kompetenz (Karg 2012).

Empowerment durch Bildung: Bildungsprogramme zur Förderung von Empowerment und zur Prävention von Mobbing setzen auf Aufklärung über die verschiedenen Formen von Mobbing. Sie stärken die Schüler*innen, aktiv zur Schaffung einer respektvollen Umgebung beizutragen. Inhalte können soziale Kompetenzen, Empathie und interkulturelle Sensibilität umfassen (Scheithauer et al. 2006).

Digitaler Respekt: Angesichts der starken Präsenz digitaler Medien ist auch die Prävention von Cybermobbing von entscheidender Bedeutung. Schulen sollten präventive Maßnahmen ergreifen, um digitale Respekts- und Verhaltensregeln zu etablieren. Schulungen und Workshops sind entscheidend, um die digitale Medienkompetenz der Schüler*innen zu stärken (Böhmer & Steffgen 2019).

Gemeinschaftsbildung: Die Förderung einer starken Schulgemeinschaft trägt wesentlich zur Prävention von Mobbing bei. Projekte und Aktivitäten, die die Schüler*innen zusammenbringen, stärken das Gemeinschaftsgefühl und mindern das Risiko von Ausgrenzung und Mobbing (Karg 2012, Böhmer & Steffgen 2019).

No Blame Approach: Der „No Blame Approach" hebt sich durch seine Fokussierung auf die Lösung von Mobbingproblemen ohne Schuldzuweisungen hervor. Durch moderierte Gruppendiskussionen wird versucht, die Perspektiven der Beteiligten zu verstehen und gemeinsame Lösungen zu finden. Dies fördert Empathie und kollektive Verantwortung, um nachhaltige positive Veränderungen in der Schulgemeinschaft herbeizuführen (Karg 2012).

Tipp 26: Linkliste Anti-Mobbing-Programme

In der Linkliste auf der Online-Seite des Ratgebers finden Sie weitere Informationen zu spezifischen Webseiten:

- Telefonische Beratung für Kinder und Jugendliche: *Nummer gegen Kummer*
- Tipps für von Mobbing betroffene Schüler*innen: *Schüler gegen Mobbing,* sowie *Juuuport*
- Informationen über schulpsychologische Beratungsstellen
- Informationen zur Websicherheit und Cybermobbing: *Klicksafe*

- Buchtipp: *„Das Anti-Mobbing-Buch“* (Jannan 2015) mit zahlreichen Online-Links des Autors
- Frei verfügbare Arbeitshilfe gegen Mobbing in der Grundschule, PDF *(Institut für Qualitätssicherung an Schulen in Schleswig-Holstein)*.

4.5 Falldarstellungen

Elif, 8 Jahre (Gesprächsprotokoll): **Keiner darf es wissen**

Niemand in der Klasse weiß, dass ich stottere. Ich möchte das nicht und ich habe Angst, dass die anderen mich dann nicht mehr so mögen oder blöd finden. Wenn ich stottern muss, breche ich die Wörter schnell ab oder tausche sie aus oder tu so, als ob ich überlegen müsste. Auch habe ich Startwörter wie z.B. „also“ oder „ja“, die ich vor schwierigen Wörtern einfach ergänze. Das ist sehr anstrengend, weil ich immer vorher überlegen muss, wo ich stottern könnte und was ich stattdessen sagen soll. Mein Stottern ist gar nicht so stark, aber wenn mal ein Wort hängt, dann strecke ich auch automatisch meine Zunge raus, obwohl ich das hasse. Ich lerne gerade in der Therapie das abzustellen, aber das ist wahnsinnig schwer und ich muss mich sehr konzentrieren, dass ich das schaffe. Damit das nicht in der Klasse passiert, sage ich eher nichts. Würde ich nicht stottern, würde ich mich auch öfters melden oder mit den anderen Kindern Witze erzählen und mehr reden. Ich glaube, die meisten denken, ich bin sehr schüchtern. Das bin ich eigentlich gar nicht. Ich will nur nicht, dass sie wissen, dss ich stottere. Ich glaube auch, dass meine Lehrerin denkt, ich bin dumm. Denn ich melde mich ja nie, obwohl ich ganz viel weiß.

Vater von Elif: **Wir haben auch einiges lernen müssen**

Wir haben in der Therapie gelernt, Elifs Stottern besser zu verstehen und damit auch zu akzeptieren und auch, dass sie nicht flüssig sprechen muss. Früher haben wir alles getan, damit ihr Stottern verschwindet und wurden bei stärkeren Stotterphasen nervös. Doch das hat sie und letztendlich auch uns noch viel mehr unter Druck gesetzt und gestresst. Wir geben uns ein bisschen die Schuld, dass wir sie damit wohl eher belastet haben und denken, dass sie vielleicht deshalb partout nicht möchte, dass wir das Stottern in der Schule thematisieren. Vielleicht wirkte es so, als ob wir sie mit ihrem Stottern nicht akzeptiert hätten.
Bis vor kurzem hat sie uns sogar verboten, dass wir mit der Klassenlehrerin darüber sprechen dürfen. Natürlich ahnte die Lehrerin nicht, dass Elif stottert, und das meinen wir bei fast 30 Kindern in der Klasse gar nicht vorwurfsvoll. Immerhin ist die Lehrerin nun darüber informiert, dass Elif eigentlich viel mehr weiß und sich aus Angst vor ihrem Stottern nicht meldet. Gerade läuft es gut, denn Elif wird nach und

nach ihren besten Freundinnen von der Stottertherapie erzählen und sie sogar mal in die Therapiestunde einladen. Wir wünschen uns für Elif, dass ihr Stottern sie weniger Kraft kostet und sie weniger belastet und auch, dass es mehr engagierte Lehrerinnen gibt, wie die derzeitige Klassenleitung.

Lehrerin von Elif: **Ich habe es falsch interpretiert**

Als Elifs Vater mich in einer Sprechstunde über das Stottern seiner Tochter aufklärte und auch darüber, welche Not sie im Unterricht hat und hatte und welcher Anstrengung sie Tag um Tag ausgesetzt war, um ihr Stottern zu verstecken, fühlte ich mich im ersten Moment unwohl, dies nicht bemerkt und falsch interpretiert zu haben. Ich nahm an, Elif sei einfach nur eine zurückhaltende, schüchterne Schülerin, die nicht immer alles weiß. Inzwischen ist mir klar, dass in ihr ein viel größeres Potential steckt und es Gründe für ihre Zurückhaltung gab und gibt. Ich habe mich über die Website der BVSS informiert und wir haben den Ratgeber für Lehrer*innen angeschafft, den ich quergelesen habe und darin immer wieder nachschlage. Ich fühlte mich dadurch im Umgang sicherer, auch weil ich anfangs gar nicht wusste, wie ich nun mit Elif umgehen sollte. Zuerst war es ihr sehr peinlich, mit mir darüber zu sprechen. Dann vereinbarten wir, dass ihre Eltern und ich uns etwas gemeinsam überlegen und sie dann fragen dürfen, ob es für sie so passen würde. Daraus sind konkrete Ideen entstanden, z.B. führe ich in der Klasse nicht mehr das Reihenvorlesen durch. Oder ich rufe sie nur auf, wenn sie sich meldet. Inzwischen bin ich unbeabsichtigt die Expertin für Stottern an meiner Schule geworden, was ich gerne mache. In Lehrerkonferenzen zu Schuljahresbeginn weise ich immer wieder auf ein paar Fakten hin, was Stottern ist und worauf meine Kolleginnen und Kollegen achten könnten. Auch werde ich immer wieder von anderen Kolleginnen und Kollegen um Rat gefragt. Demnächst kommt der Therapeut zu Besuch und gibt uns einen kleinen Überblick über Stottern und wird in Elifs Klasse ein Quiz über Stottern durchführen. Nicht Elif soll bei diesem Schulbesuch im Vordergrund stehen (das fände sie auch furchtbar), sondern es geht ganz allgemein darum, was Stottern ist.

Kommentar

Elif möchte ihr Stottern nicht zeigen und ist dabei in größter Not. Auch in ihrem Fall ist eindrucksvoll erkennbar, wie sehr ihr Vermeideverhalten geistige Kapazitäten beansprucht. Es war sehr respektvoll von Elifs Eltern, ihren Wunsch zu berücksichtigen, anfangs ihr Stottern nicht im schulischen Kontext zu thematisieren. Gut, dass ihr Vater dann doch zeitnah ein offenes Gespräch mit der Lehrerin führte und auch, dass die Lehrerin sich über Stottern informiert hat. Es ist nicht ratsam, das Tabu aufrechtzuerhalten, denn die Erfahrung zeigt, dass ein offener Umgang entlastend wirkt. Gemeinsam mit der engagierten Lehrerin wurden Lösungen gefunden, die Elif unterstützen und sie in ihrer Haltung bestärkte. Die Lehrerin fungiert inzwischen sogar als Multiplikatorin, die ihr Wissen mit anderen Lehrkräften teilt.

Eltern eines 16-jährigen Schülers: **Stottern thematisieren**

Wir geben allen Lehrern am Schuljahresbeginn einen Infobrief von Jannik und ein Infoblatt über Stottern. Zudem spreche ich immer mit dem Klassenlehrer persönlich, ggf. auch mit der Schulleitung.
Einen offiziellen Nachteilsausgleich hat Jannik erst seit der 9. Klasse. Zuvor hatte es mit individuellen Absprachen gut geklappt.
Für unseren Sohn ist sehr wichtig, dass alle Lehrer gut informiert sind und wissen, dass Präsentationen vor der Klasse nicht möglich sind und man nach Alternativen suchen muss. Wir haben beim Schulamt eine Verlängerung für mündliche Prüfungen beantragt.
Generell steht und fällt alles mit der Zusammenarbeit und dem Verständnis der Lehrer. Deshalb ist es immer ratsam, möglichst viele persönliche Gespräche auch mit den Fachlehrern zu führen. Das machen wir stets an den Elternsprechtagen.

Kommentar

Die Eltern nahmen nach Rücksprache mit ihrem Sohn Kontakt zu den Lehrer*innen auf. Ab höherer Klassenstufe beantragten sie den Nachteilsausgleich, was hinsichtlich zentraler Abschlussprüfungen eine wichtige Voraussetzung darstellt. Deutlich wird der wichtige Part der Lehrer*innen, die hier entsprechend gut informiert wurden.

Es ist nicht vorauszusetzen, dass alle Eltern dieses Engagement aufbringen können. Die beteiligten Lehrkräfte sind hier nun besser sensibilisiert und bieten zukünftig eigeninitiativ Maßnahmen an.

Eltern eines 16-jährigen Schülers: **Anti-Mobbing**

Insgesamt hatten wir vermutlich viel Glück, vielleicht weil unser Sohn immer ein guter Schüler war.
Den Nachteilsausgleich haben wir bisher noch nicht beantragt, werden das jedoch im neuen Schuljahr machen.
Wir hatten einmal einen „Zwischenfall", bei dem unser Sohn von zwei Schülern (nicht aus seiner Klasse) in der Pause wegen seinem Stottern verspottet wurde. Er hat es zuhause erzählt, wir Eltern waren sehr beunruhigt, jedoch wollte unser Sohn es keinesfalls in der Schule geklärt haben, aus Angst, dass es schlimmer wird.
Letztendlich gibt es in der Schule einen wahnsinnig tollen Lehrer, der auch Mobbingbeauftragter ist. Er schnappte sich die beiden Schüler und hat das gemeinsam mit unserem Sohn geklärt - die beiden haben sich entschuldigt und ihn nie mehr verspottet.

Kommentar

Es ist kein Einzelfall, dass von Hänseleien oder gar von Mobbing betroffene Schüler*innen beschämt die Attacke verschweigen wollen und sich die Mobbingspirale weiterdreht. Glücklicherweise war es dem Jungen möglich, sich seiner Mutter gegenüber zu öffnen. Ebenso spielt eine Rolle, dass die Schule in Form eines entsprechend erfahrenen und ausgebildeten Lehrers sofort die Initiative ergriffen hat und die Attacke zeitig beendet werden konnte. Aus Hänseleien entwickelt sich durch Wiederholung Mobbing. Schnelles Reagieren verhindert dramatische Auswüchse.

Auch hier ist es wichtig, dass der Nachteilsausgleich rechtzeitig beantragt wird, damit er auf die Abschlussprüfungen übertragen werden kann. Wird der Nachteilsausgleich erstmalig zu den Abschlussprüfungen beantragt, besteht die Gefahr einer Ablehnung.

5 In eigener Sache: Hilfe bei Stottern

Aus erster Hand wissen wir, dass Stottern in der Schule für betroffene Kinder und Jugendliche oftmals sehr belastend ist. Mitunter kann ein falscher Umgang mit der Sprechbehinderung sogar Auswirkungen auf die gesamte schulische Laufbahn haben. Daher ist es uns, der Bundesvereinigung Stottern & Selbsthilfe e.V. (BVSS), sehr wichtig, dass Sie als enge Bezugsperson für Schüler*innen und ihre Angehörigen gut über Stottern und den Umgang damit Bescheid wissen.

Wir haben diesen Ratgeber initiiert und hoffen, dass Sie darin bereits viele hilfreiche Informationen und Hinweise gefunden haben. Darüber hinaus sind wir als bundesweite Selbsthilfeorganisation für Sie und Ihre stotternden Schüler*innen da und unterstützen und beraten Sie gern.

5.1 Die BVSS – Wer wir sind und was wir tun

Die Bundesvereinigung Stottern & Selbsthilfe e.V. (BVSS) ist die Interessenvertretung stotternder Menschen in Deutschland. Seit über 40 Jahren setzen wir uns für die Rechte stotternder Menschen ein, damit diese die gleichen Chancen haben wie Menschen, die nicht stottern. Zur BVSS gehören sieben Landesverbände und bundesweit knapp 100 Selbsthilfegruppen stotternder Menschen.

Ziel der BVSS ist es, die Lebenssituation stotternder Menschen zu verbessern. Dazu informieren wir über Stottern, räumen mit Vorurteilen und Mythen auf und beraten stotternde Kinder, Jugendliche und Erwachsene ebenso wie ihre Eltern, Angehörigen, Lehrkräfte und alle, die Fragen rund um das Thema Stottern haben. Jährlich kontaktieren uns tausende Ratsuchende, darunter auch zahlreiche aus der Kindertagesbetreuung und dem schulischen Umfeld.

Als Verein von Betroffenen für Betroffene ist die Selbsthilfe ein zentraler Aufgabenbereich der BVSS. Wir unterstützen die lokalen Selbsthilfegruppen in ihrer Arbeit und bieten stotternden Menschen und ihren Angehörigen über Bücher und Seminare Hilfe zur Selbsthilfe an.

5.2 Sie erhalten über uns: Information, Beratung, Aufklärung & Vernetzung

Information: Faltblätter und Broschüren

- Wir haben Faltblätter und Broschüren für alle Zielgruppen (Eltern, stotternde Jugendliche und Erwachsene, Lehrkräfte und andere Interessierte): u.a. „Faktencheck Stottern", „Hinweise für das Gespräch mit Stotternden", „Stottern – braucht mein Kind Hilfe?"
- Die Flyer sind zum Teil auch in anderen Sprachen wie Türkisch, Arabisch, Russisch erhältlich.

Beratung rund um Stottern

- Unser Team in der Geschäftsstelle berät persönlich, telefonisch oder via Email zu Themen wie Schule, Ausbildung, Beruf, Selbsthilfe.
- Ergänzend bieten wir eine spezielle telefonische Fachberatung an zur Aufklärung über Therapiemethoden und Behandlungsmöglichkeiten.

Aufklärung: Website, Social Media und Bücher

- Unsere Internet-Seite, die alle Informationen rund um Stottern bündelt: www.bvss.de
- Einblicke in die Welt von Stottern & Selbsthilfe, aktuelle Infos und Videos gibt es über unsere Social-Media-Kanäle auf YouTube (@wir stottern) und Instagram (@stottern.bvss und @flowsprechgruppe)
- Ratgeber, Filme, Comics und Fachbücher erscheinen in unserem eigenen kleinen Fachverlag: www.demosthenes-verlag.de

Kontakt zu Selbsthilfegruppen für stotternde Menschen

- Die ca. 100 Selbsthilfegruppen laden ein zum Erfahrungsaustausch, zur gemeinsamen Bewältigung des Alltags mit Stottern und zu gemeinsamen Aktivitäten.
- Speziell für Jugendliche und junge Erwachsene gibt es „Flow – die junge Sprechgruppe der BVSS": www.flow-sprechgruppe.de/

Seminare und Workshops

- Jährlich bieten wir ein breites Spektrum an Seminaren, vom Übungskurs über Elternseminare und Workshops als Hilfe zur Selbsthilfe bis hin zu kreativen Angeboten.
- Diese sind meist als Wochenendseminare organisiert und bieten die Möglichkeit, andere stotternde Menschen und/oder deren Angehörige intensiver kennenzulernen.

5.3 Unsere Angebote speziell für stotternde Schüler*innen

Machen Sie Ihre stotternden Schüler*innen bzw. deren Angehörige gern auf unsere besonderen Angebote für sie aufmerksam:

- **„Auf einen Blick": www.stottern-und-schule.de**
  Die Website bündelt alle Informationen rund um Stottern und Schule und bietet einen informativen und kompakten Einstieg in die Thematik. Für Lehrkräfte: Auch kostenlose Materialien zur Unterrichtsgestaltung sind zum Download erhältlich.

- **„Dein gutes Recht": Broschüre zum Nachteilsausgleich**
  Die Broschüre „Nachteilsausgleich für stotternde Schüler und Schülerinnen" liefert Hinweise und Vorschläge zur Beantragung und Umsetzung des Nachteilsausgleichs bei Stottern. Sie eignet sich gut zur Weitergabe in der Schule.

- **„Wir hören zu und helfen dir weiter": Persönliche Beratung**
  Per Email, Messenger oder telefonisch stehen wir dir bei deinen Fragen rund um das Thema Stottern in der Schule oder auch in anderen Bereichen gerne zur Verfügung: info@bvss.de, 0221-1391106.

- **„Du bist nicht allein": Austausch mit anderen Stotternden bei Flow**
  Für stotternde Jugendliche und Stotternde im jungen Erwachsenenalter haben wir „Flow – Die junge Sprechgruppe der BVSS" ins Leben gerufen. Hier trefft ihr Gleichaltrige zum Austausch, gemeinsamen Üben und zu Freizeitaktivitäten. Gruppen gibt es inzwischen in mehr als 20 Städten in Deutschland, hinzu kommen Online-Angebote für den digitalen Austausch. Alle Infos unter: www.flow-sprechgruppe.de

5.4 Selbsthilfe lohnt sich – auch oder vor allem für junge Leute!

Frederick, 25 Jahre, Mitglied der BVSS:

Die Selbsthilfe hat mir neue Perspektiven eröffnet.

Mit Abschluss meines Abiturs hat sich auf einmal ein interner Schalter bei mir umgelegt. Ich habe begonnen, mich mit anderen Stotternden in Selbsthilfegruppen auszutauschen, mich ehrenamtlich in der Stotterer-Selbsthilfe zu engagieren und mich auf vielfältige und horizonterweiternde Art mit meinem Stottern auseinanderzusetzen. Indem ich neue Perspektiven gewinnen, aber auch meine Erfahrungen weitergeben konnte, habe ich gemerkt, wie wertvoll die Arbeit in der Selbsthilfe der BVSS sein kann.

Nina, 24 Jahre, Mitglied der BVSS:

Ohne die Selbsthilfe wäre ich nicht die Person, die ich heute bin.

Mit 16 Jahren fühlte ich mich mit meinem Stottern allein. Es war mir unfassbar peinlich, wenn die Wörter nicht flüssig über die Lippen kamen und ich wollte es um keinen Preis zeigen. Ein Jahr später nahm ich am Bundeskongress von Stottern & Selbsthilfe teil. Die dort erlebte Gemeinschaft war toll. Der endgültige „Befreiungsschlag" kam im Sommer 2021, bei einem Seminar der BVSS. Ich hatte es satt ständig zu vermeiden und mich zu verstellen. Ich wollte sprechen, so, wie es gerade kam. Also nahm ich meinen ganzen Mut zusammen und fing an, zuerst bei der Familie, dann bei Freunden und schließlich auf der Arbeit nach Lust und Laune zu reden und mich – selbstbewusst stotternd – an immer mehr Gesprächen zu beteiligen. Seitdem setze ich mich für andere Stotternde ein, bin Ansprechpartnerin der Flow-Gruppe Nürnberg und engagiere mich im Landesverband Bayern. Ohne die Selbsthilfe wäre ich nicht die Person, die ich heute, mit 24, bin: eine ganz andere und vor allem stärkere Persönlichkeit!

6 Resümee

Eine inklusive Schule für alle im Sinne der UN-Behindertenrechtskonvention bedarf eines weiteren Ausbaus. Stotternde Schüler*innen sollen hierbei eine spezifische Unterstützung erfahren, sofern die soziale, emotionale oder schulische Entwicklung gefährdet ist. Schule muss ein Lernort für alle sein und gleiche Bildungschancen für alle bieten. Unterstützende Maßnahmen (Nachteilsausgleich, Budgetstunden etc.) müssen für alle Schüler*innen verfügbar sein, unabhängig vom sozioökonomischen Status des Kindes und seiner Eltern, vom Wohnort des Kindes, von der Schulart, vom Vorhandensein von Offenheit der Schulen und der Lehrer*innen, dem Fortbildungswillen der betroffenen Pädagogen und Pädagoginnen sowie den räumlichen und finanziellen Ressourcen der Schulen. Stotternde Kinder und deren Angehörige benötigen in diesen Punkten einen rechtssicheren, verbindlichen Maßnahmenkatalog – idealerweise bundesweit abgestimmt in der Kultusministerkonferenz.

Lehrer*innen benötigen die Offenheit und Sensibilität, sonderpädagogischen Unterstützungsbedarf bei stotternden Kindern und Jugendlichen zu erkennen, um individuell angepasste Maßnahmen einzuleiten.

Seit dem Erscheinen des früheren Ratgebers „Stottern in der Schule“ (Thum 2011) hat sich bereits vieles positiv verändert.

Herzlichen Dank, dass Sie diesen Ratgeber verwenden und weiterempfehlen!

Literaturverzeichnis

Anders, F. (2023): Inklusion in der Schule – Wie die Umsetzung in Deutschland gelingt. Deutsches Bildungsportal. https://deutsches-schulportal.de/schulkultur/inklusion-in-der-schule-wie-gelingt-die-umsetzung/, aufgerufen am 23.01.2024

Bartz, G. (2022). Sonderpädagogischer Förderbedarf. Socialnet.de, veröffentlicht 08-2022 www.socialnet.de/lexikon/Sonderpaedagogischer-Foerderbedarf#toc_5, aufgerufen am 23.01.2024

Beauftragter der Bundesregierung für die Belange von Menschen mit Behinderungen (2023). Die UN-Behindertenrechtskonvention. Übereinkommen über die Rechte von Menschen mit Behinderungen. www.behindertenbeauftragter.de/SharedDocs/Downloads/DE/AS/PublikationenErklaerungen/Broschuere_UNKonvention_KK.pdf?__blob=publicationFile&v=8, aufgerufen am 23.01.2024

Benecken, J. & Spindler, C. (2002). Mobbing und Stottern: Zur schulischen Situation stotternder Kinder. Forum Logopädie 6, 6-11

Benecken, J. & Spindler, C. (2004). Zur psychosozialen Situation stotternder Schulkinder in Allgemeinschulen. Die Sprachheilarbeit. 49(2), 61-70. www.praxis-sprache.eu/heftarchiv/49-jahrgang-2004/heft-42004/, aufgerufen am 23.01.2024

Bloodstein, J., Ratner, N.B. & Brundage S.B. (2021). A handbook on stuttering. 7. Aufl. San Diego: Plural Publishing

Böhmer, M., Steffgen, G. (2019). Mobbing an Schulen. Maßnahmen zur Prävention, Intervention und Nachsorge. Wiesbaden: Springer

Braun, W. & Kohler, J. (2023). Erste Annäherung an das Phänomen Stottern. Forum Logopädie 37(4), 8-14

BVSS Bundesvereinigung Stottern & Selbsthilfe e.V. (2021). Entscheidungshilfe Stottertherapie aus Betroffenensicht, Stand Februar 2021. www.bvss.de/fileadmin/user_upload/bvss-seite/04_infomaterial/Entscheidungshilfe_Stottertherapie.pdf, aufgerufen am 23.01.2024

BVSS Bundesvereinigung Stottern & Selbsthilfe e.V. (2023). Faktencheck Stottern. Broschüre, https://www.bvss.de/angebote/infomaterial, aufgerufen am 23.01.2024

BVSS Bundesvereinigung Stottern & Selbsthilfe e.V. (2024). Stottern und Schule. www.stottern-und-schule.de, aufgerufen am 23.01.2024

BVSS Bundesvereinigung Stottern und Selbsthilfe e.V. (2022). Stottertherapie intensiv. Broschüre Stand November 2022, www.bvss.de/fileadmin/user_upload/bvss-seite/04_infomaterial/Stottertherapie_intensiv.pdf, aufgerufen am 23.01.2024

Chang, SE., Erickson, KI., Ambrose, NG., Hasegawa-Johnson, MA. & Ludlow, CL. (2008). Brain anatomy differences in childhood stuttering. Neuroimage, 39(3), 1333–1344

Civier, O., Kronfeld-Duenias, V., Amir, O., Ezrati-Vinacour, R. & Ben-Shachar, M. (2015) Reduced fractional anisotropy in the anterior corpus callosum is associated with reduced speech fluency in persistent developmental stuttering. Brain and Language, 143, 20–31

Colthorp, I., Herdter, F. (2022). Stoppilino. Wie ich mein Stottern zähmte. 2. Aufl. Köln: Demosthenes

Cook, S. (2013). Fragebogen zur psychosozialen Belastung durch das Stottern für Kinder und Jugendliche. Logos 2(21), 97-105

Craig, A. & Tran, Y. (2005). The epidemiology of stuttering: The need for reliable estimates of prevalence and anxiety levels over the lifespan. Advances in Speech Language Pathology, 7(1), 41-46.

Fischer, Ch. (2014). Individuelle Förderung als schulische Herausforderung. Berlin: Netzwerk Bildung Schriftenreihe der Friedrich-Ebert-Stiftung

Garnett, EO., Chow, HM. & Chang, SE. (2019). Neuroanatomical Correlates of Childhood Stuttering: MRI Indices of White and Gray Matter Development That Differentiate Persistence Versus Recovery. Journal of Speech, Language, and Hearing Research, 62(8), 2986–2998.

Glück, CW., Spreer, M. & Theisel, AK. (2022). Bildungswege von Schüler:innen mit sprachlichem Unterstützungsbedarf im Rückblick (Forschungsbericht). Forschungsgruppe Ki.SSES-WEGE, www.ki-sses.de/publikationen, aufgerufen am 23.01.2024

Glück, C. & Thum, G. (2022). Stottern. In: Siegmüller, J., Bartels, H. & Höppe, L. (Hrsg.), Leitfaden Sprache Sprechen Stimme Schlucken (456-472), 6. Aufl., München: Urban & Fischer

Heisig, K. (2018). Bundesländerunterschiede im Förderschulsystem. ifo Dresden berichtet, 25(05), 10-16

Helbig, M., Steinmetz, S., Wrase, M. & Döttinger, I. (2021). Mangelhafte Umsetzung des Rechts auf inklusive Bildung. Bundesländer verstoßen gegen Artikel 24 der UN-Behindertenrechtskonvention. WZBrief Bildung. www.wzb.eu/wzbriefbildung, aufgerufen am 23.01.2024

Hendrickson, J. (2023). Life on Delay. Making Peace with a Stutter. New York, Pinguin Random House

ICD 11 (International Classification of Diseases Eleventh Revision) 2022. Geneva: World Health Organization, https://icd.who.int/, aufgerufen am 23.01.2024

Jannan, M. (2015). Das Anti-Mobbing-Buch, 4. Aufl. Weinheim: Beltz

Karg, K. (2012). Mobbing unter Schülern: Erscheinungsformen, Erklärungen und Interventionsmöglichkeiten. Hamburg: Dr. Kovač.

Klare, M. (2008). Hallo, hier ist Felix. Köln: Demosthenes

Kohler, J. & Braun, WG. (2020). Früherkennung, Ersterfassung und Erstberatung bei beginnendem Stottern. Idstein: Schulz Kirchner

Kohmäscher, A. & Primaßin, A. (2023). Stottern therapieren. Ein Ratgeber von der Kindheit bis ins Erwachsenenalter. Köln: Demosthenes

Kultusministerkonferenz (1998): Sekretariat der Ständigen Konferenz der Kultusminister der Länder in der Bundesrepublik Deutschland. Empfehlungen zum Förderschwerpunkt Sprache. Beschluss der Kultusministerkonferenz vom 26.06.1998. www.kmk.org/fileadmin/veroeffentlichungen_beschluesse/1998/1998_06_26-FS-Sprache.pdf, aufgerufen am 23.01.2024

Kunz, L. & Beier, L. (2022). Poltern. In: Siegmüller, J., Bartels, H. & Höppe, L. (Hrsg.), Leitfaden Sprache Sprechen Stimme Schlucken (472-488), 6. Aufl. München: Urban & Fischer

Lee, BS. (1950). Effects of delayed speech feedback. Journal of the Acoustical Society of America. 22(6), 824-826

Mallick, R., Kathard, H., Thabane, L. & Pillay M. (2018). The Classroom Communication Resource (CCR) intervention to change peer's attitudes towards children who stutter (CWS): Study protocol for a randomised controlled trial. Trials 19, 43, https://doi.org/10.1186/s13063-017-2365-x, aufgerufen am 23.01.2024

Mitchell, D. (2016). Dreizehn Arten das Stottern zu betrachten. Köln: Demosthenes

Natke, B. (2021). Benni. Gesammelte Abenteuer. Wegberg: Natke

Natke, U. & Kohmäscher, A. (2020). Stottern. Wissenschaftliche Erkenntnisse und evidenzbasierte Therapie. 4. Aufl. Berlin: Springer

Neef, NE., Anwander, A. & Friederici AD. (2015). The neurobiological grounding of persistent stuttering: from structure to function. Curr Neurol Neurosci Rep., 15(9), 63

Neidlinger, V., Colthorp, I. & Herdter, F. (2016). Stottern im Unterricht – Schwierigkeiten und Lösungen. Sprachförderung und Sprachtherapie. (4), 209-218

Neumann, K., Euler, H., Bosshardt, H., Cook, S., Sandrieser, P., Schneider, P., Sommer, M. & Thum, G. (2016). Pathogenese, Diagnostik und Behandlung von Redeflussstörungen. Evidenz- und konsensbasierte S3-Leitlinie, www.awmf.org/leitlinien/detail/ll/049-013.html, aufgerufen am 23.01.2024

Packman, A. (2012). Theory and therapy in stuttering: A complex relationship. Journal of Fluency Disorders, 37(4), 225–233

Richter, R. (2023). Stottertherapie bei Erwachsenen. Forum Logopädie 37(4), 28-33

Rux, J. & Ennuschat, J. (2017). Die Rechte stotternder Menschen in Schule, Ausbildung und Studium. Eine Analyse. 3. erweiterte Auflage. Köln: Demosthenes

Şaşmaz, P. (2017). Rike oder: Ein nicht ganz gewöhnlicher Sommer. Köln: Demosthenes

Şaşmaz, P. (2020). Rike oder: Das Gestüt am Waldrand. Köln: Demosthenes

Sandrieser, P. (2017). Stottern. In: A. Mayer, A. & T. Ulrich, T. (Hrsg.), Sprachtherapie mit Kindern (365-432). München: Ernst Reinhardt

Sandrieser, P. (2023). Stottern im Kindesalter. Forum Logopädie 37(4), 16-21

Sandrieser, P. & Schneider, P. (2015). Stottern im Kindesalter. Stuttgart: Thieme

Scheithauer, H., Hayer, T., Jugert, G. & Petermann, F. (2006). Physical, verbal, and relational forms of bullying among German students: Age trends, gender differences, and correlates. Aggressive Behavior, 32, 261–275

Schneider, P. (2003). Screening Liste Stottern (SLS), deutsche Übersetzung aus dem Niederländischen von Bertens, A. & Weeda-Hageman, J. www.ivs-online.de/inhalt/service/stottertest/, aufgerufen am 23.01.2024

Sheehan, J. (1970). Stuttering. Research and Therapy. New York: Harper and Row

Shoster, D., Davidovikj, ND., Filipova, S. & Lozanovska, B. (2011). The importance of group therapy used in the treatment of stuttering. Journal of Special Education, 12(3), 77-89

Statistisches Bundesamt (2023a). Fachserie 11 – Reihe 1: Bildung und Kultur. Allgemeinbildende Schulen 2022/2023 und früher. Wiesbaden

Statistisches Bundesamt (2023b). Tabelle 21111-0011-DLAND, www-genesis.destatis.de/genesis/online?operation=previous&levelindex=1&step=1&titel=Ergebnis&levelid=1673547421445&acceptscookies=false#abreadcrumb, aufgerufen am 23.01.2024

Thum, G. (2013). Sprechtechniken in der Stottertherapie. Praxis Sprache 2013; 2, 96-101

Thum, G. (2023). Stottern in der Adoleszenz. Therapeutische Zielsetzungen mit stotternden Adoleszenten auf Grundlage einer ICF-basierten Diagnostik. Forum Logopädie, 37(4), 22-27

Thum, G. (2011). Stottern in der Schule. Ein Ratgeber für Lehrerinnen und Lehrer. Köln: Demosthenes

Thum, G. & Hiederer, B. (2023). Stottertherapie mit Jugendlichen: „Stärker als Stottern". Sprache, Stimme, Gehör 47, 35-40

Thum, G. & Mayer I. (2014). Stottertherapie bei Kindern und Jugendlichen. Ein methodenkombinierter Ansatz. München: Reinhardt

Van Riper, C. (1982). The nature of stuttering. 2. Aufl. Englewood Cliffs: Prentice-Hall

Vonhausen, I. (2023). Schulpsychologisches Beratungszentrum für Förderschule München 1 und 3, Mobiler Sonderpädagogischer Dienst. Persönliches Gespräch am 6.11.2023

Wingate, ME. (1969). Stuttering as phonetic transition defect. Journal of Speech Hearing Disorders; 34(1), 107–108

Wischer, B. & Trautmann, M. (2013). Individuelle Förderung: Gestaltungsmöglichkeiten. Bundeszentrale für politische Bildung. www.bpb.de/themen/bildung/dossier-bildung/162109/individuelle-foerderung-gestaltungsmoeglichkeiten/, aufgerufen am 23.01.2024

Yairi, E. & Ambrose, N. (2013). Epidemiology of stuttering: 21st century advances. Journal of Fluency Disorders 38(2), 66–87

Yairi, E. & Ambrose, N. (1992). Onset of stuttering in preschool children: Selected factors. Journal of Speech Languages Hearing Res, 35(4), 782-788

Yaruss, JS., Quesal, RW. & Coleman, CE. (2016). OASES – Overall Assessment of the Speaker's Experience of Stuttering. Übersetzt ins Deutsche von: Euler, HA., Kohmäscher, A., Cook, S., Metten, C. & Miele, K. www.stutteringtherapyresources.com/products/oases-german?variant=33149202464908, aufgerufen am 23.01.2024

Zückner, H. (2021). Intensiv-Modifikation Stottern (IMS). Therapiemanual. 2. Aufl. Neuss: Natke

Eine Auswahl von Büchern und Filmen aus dem Demosthenes-Verlag.

Kinder + Jugendliche

Rudolf Gier

Luis und das Abenteuer im Regenbogenland

Eine märchenhafte Erzählung für Kinder ab 7 Jahren mit vielen farbigen Bildern von Roswitha Raach

2016, ca. 100 Seiten

Luis ist neun Jahre alt und ein ganz normaler Junge. Das einzige, was ihm zu schaffen macht, ist sein Stottern. Als er mit seinen Eltern umzieht und in eine neue Schule gehen muss, eckt er an. Alles wird ihm zu viel. Hals über Kopf packt er seine Sachen und läuft von zu Hause weg. Im Stadtpark trifft er einen Zauberer. Durch ihn gelangt er ins Regenbogenland, in dem alles viel schöner ist. Luis muss nicht stottern und findet schnell Freunde. Aber dann kommt doch alles ganz anders …

Isabella Colthorp

Stoppilino

- Wie ich mein Stottern zähmte
Illustrationen von Franziska Herdter
Ein Buch für Kinder ab 7 Jahren

2020, 80 Seiten

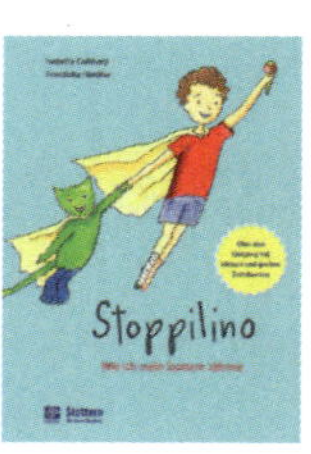

Hannes liebt Fußball und Comics, findet nie Socken, die zusammenpassen, und verabscheut Spinat. Er ist also ein ganz normaler Junge. Aber etwas ist bei ihm anders als bei anderen Kindern, die er kennt: Er hat ein freches Stoppilino, das sich beim Sprechen manchmal einmischt, seine Wörter festhält oder zerreißt. Hannes stottert. Dieses Mutmach-Buch erzählt davon, wie Hannes lernt, dass er sein Stoppilino zwar nicht besiegen oder wegzwingen, dafür aber zähmen und sich mit ihm anfreunden kann, wie Hannes durch diese Herausforderung aufblüht und welch überraschende Stärke daraus erwächst, wenn man voll und ganz zu sich steht.

Mit ausführlichen Informationen über Stottern für Kinder und deren Bezugspersonen.
Stoppilino ist auch in türkischer Sprache erschienen und heißt Duringo.

Petra Şaşmaz

Rike oder Ein nicht ganz gewöhnlicher Sommer

Ein Buch für Mädchen ab 10 Jahren

2018, 320 Seiten

Es ist kein normaler Sommer, den Rike erlebt. Sie ist mit ihren Eltern umgezogen und neu in der Stadt und der Schule. Sie ist dreizehn, eigensinnig und verliebt. Als wäre das nicht schon genug, träumt sie von einem eigenen Pferd und hat ein kleines Handicap: Sie stottert. Wie sie lernt, damit klarzukommen, wie sie Schwierigkeiten überwindet, an Selbstbewusstsein gewinnt und langsam erwachsen wird, davon erzählt dieser spannende Roman.
Es ist eine Geschichte vom Erwachsenwerden und ein mitreißendes Pferdeabenteuer zugleich.

Petra Şaşmaz

Rike oder Das Gestüt am Waldrand

- Ein Pferdekrimi -
Ein Buch für Mädchen ab 10 Jahren

2020, 340 Seiten

Rike hat endlich ein eigenes Pferd. Und sie hat gerade ihre Stottertherapie hinter sich gebracht. Doch damit ist längst noch nicht alles in Butter. Nicht nur, dass ihre ehemalige Erzrivalin Angela ebenfalls ein eigenes Pferd bekommt – Rike soll ihr Pferd auch noch mit dieser Judith teilen, die sie doch gar nicht kennt. Und das nur, weil es in der Schule nicht so rundläuft, wie ihre Eltern sich das vorstellen.
Dann suchen im Internet verzweifelte Besitzerinnen nach ihren verschwundenen Pferden. Immer mehr seltsame Dinge passieren in diesem spannenden Pferdekrimi – doch Rike lässt nicht locker!

Als Anerkennung für ihre Unterstützung gelten für Mitglieder der BVSS ermäßigte Preise. Weitere Infos unter

www.demosthenes-verlag.de Oder fragen Sie uns.

Eelco de Geus

Manchmal stotter' ich eben

Ein Buch für stotternde Kinder von 7 bis 12 Jahren

2011, 3. Auflage, 60 Seiten

Einfühlsam und altersgerecht spricht der Autor an, was Stottern ist, wie unterschiedlich es auftritt und welche Gefühle und Reaktionen damit verbunden sein können.
Er regt Kinder zur Analyse des eigenen Sprechens an und thematisiert mögliche Reaktionen nicht-stotternder Menschen auf das Stottern. Mit einigen vorgefertigten Briefen kann das Kind seine Angehörigen über Stottern per Brief oder per Mail informieren und gleichzeitig um Verständnis für seine Situation bitten. Dieses Buch hilft Kindern und Angehörigen gleichermaßen auf ihrem Weg zu einem offenen Umgang mit dem Stottern – der erste Schritt zur erfolgreichen Bewältigung.

Eltern + Lehrkräfte

Bundesvereinigung Stotterer-Selbsthilfe e.V. (Hrsg.)

Mein Kind stottert – was nun?

Ratgeber für Eltern

2010, 120 Seiten

Was ist Stottern? Wie kann ich meinem Kind helfen? Wann ist professionelle Hilfe gefragt? Welche Therapiemethoden und -formen werden angeboten? Antworten auf genau diese Fragen gibt der Ratgeber „Mein Kind stottert – was nun?" Er ist damit ein wertvoller Begleiter für Mütter, Väter und ErzieherInnen. Basierend auf der langjährigen Beratungserfahrung der Bundesvereinigung Stottern & Selbsthilfe e. V. zeichnet sich der Elternratgeber durch seine Praxisnähe aus. Erfahrene Expertinnen geben konkrete Tipps und stärken die Handlungskompetenz der LeserInnen im Umgang mit stotternden Kindern.

Marion Stelter

Stottern – Oft wussten wir nicht weiter

Eltern stotternder Kinder berichten von ihren Erfahrungen

2014, 100 Seiten

Eltern stotternder Kinder beschäftigen sich viel mit ihrem Kind und suchen nach Lösungen und Erleichte-rungen. Dieses Buch schildert das Thema aus der Perspektive der Eltern. Mütter und Väter aus acht betroffenen Familien erzählen, wie sie mit „typischen" Situationen umgegangen sind und welche Erfahrungen sie gemacht haben.
Neben den persönlichen Schilderungen stellt das Buch auch hilfreiche Informationen zu Themen rund um Stottern bei Kindern zusammen.

Johannes Rux, Jörg Ennuschat

Die Rechte stotternder Menschen in Schule, Ausbildung und Studium

Eine Analyse

2017, 3. erw. Auflage, 310 Seiten

In vier Teiluntersuchungen erläutern die Rechtsexperten Dr. Rux und Prof. Dr. Ennuschat die Ansprüche stotternder SchülerInnen auf sonderpädagogische Förderung in den Allgemeinschulen sowie auf Chancengleichheit und Nachteilsausgleich beim Erbringen und Bewerten schulischer Leistungen. Dabei werden unter dem Licht der Empfehlungen der Kultusministerkonferenz zum Förderschwerpunkt „Sprache" Ziele und Inhalte der schulischen Förderung stotternder SchülerInnen in der Allgemeinschule herausgestellt. Unter Berücksichtigung der völker-, europa,- und verfassungsrechlichen Vorgaben wird zudem die Rechtsprechung zur Vermeidung von Benachteiligungen in der Leistungsbewertung und zur Sicherstellung von Chancengleichheit hinsichtlich der Bedürfnisse stotternder SchülerInnen ausgelegt.
In insgesamt neun Bundesländern (Bayern,

Hessen, Nordrhein-Westfalen, Saarland, Baden-Württemberg, Bremen, Hamburg, Niedersachsen und Schleswig-Holstein) wird die Umsetzung der entsprechenden internationalen und nationalen Rechtsvorgaben und Empfehlungen für den Bereich der Schule, der Ausbildung und des Studiums analysiert sowie kritisch bewertet. Abgerundet wird die Analyse schließlich durch die Behandlung von Verfahrens- und Rechtsschutzfragen.

Therapie

Anke Kohmäscher, Annika Primaßin

Stottern therapieren

Ein Ratgeber von der Kindheit bis ins Erwachsenenalter

2023, 110 Seiten

Wer für sich selbst oder sein Kind auf der Suche nach einer geeigneten Stottertherapie ist, sieht sich einem relativ breiten Angebot gegenüber, das für Laien nicht immer leicht zu überblicken ist.
Der vorliegende Ratgeber bringt Licht ins Dickicht des Therapiedschungels, indem er die verschiedenen Begrifflichkeiten und Ansätze erläutert und dem/der LeserIn Entscheidungskriterien an die Hand gibt.
Grundlegende Informationen rund um die Redeflußstörung Stottern werden der Darstellung von Therapieansätzen vorangestellt. Die Autorinnen skizzieren u. a. die beiden Hauptströmungen der Stottertherapie (das globale Erlernen einer veränderten Sprechweise einerseits und die lokale Bearbeitung von Stotterereignissen andererseits) und stellen dann exemplarisch konkrete Therapiekonzepte vor. Dabei kommen TherapeutInnen und KlientInnen mit ihren persönlichen Erfahrungen zu Wort.
Der Ratgeber bietet sowohl fundierte theoretische Hintergrundinformationen wie auch ganz praktische und konkrete Hilfen für die Wahl einer individuell geeigneten Therapie.

Wolfgang Wendlandt

Mein Stotter ABC

Kleingeschriebenes großgeschrieben

2022, 268 Seiten

In seinem Stotter-ABC lässt der erfahrene und renommierte Stottertherapeut Wolfgang Wendlandt all sein Wissen und seine Erfahrung in eine Art Lexikon einfließen, in dem die Leserin bzw. der Leser nach Herzenslust und je nach Bedürfnis stöbern kann.
Im ABC finden sich neben obligatorischen Schlagwörtern wie Advertising, Pseudostottern oder Rückfall auch unerwartete wie Engelskreis, Lufthoheit oder Schweinehund und erstaunliche wie Geiz, Haut oder Kleist. Auch erfährt man nicht nur etwas über die wünschenswerte Qualifikation der TherapeutInnen, sondern der Autor thematisiert ebenfalls eine Qualifikation der Stotternden.
Im zweiten Teil des Buches finden die Leser:innen 35 Arbeitsbögenmit vielen praktischen Tipps und Übungsvorschlägen. Das Buch ist eine reichhaltige Fundgrube für Stotternde, für TherapeutInnen und alle am Thema Stottern Interessierten.

Bundesvereinigung Stottern & Selbsthilfe e.V.

Als gemeinnütziger Verein der gesundheitlichen Selbsthilfe ist es unser vorrangiges Ziel, die Lebenssituation stotternder Menschen zu verbessern:

- **Wir unterstützen Betroffene und Angehörige durch telefonische Beratung bei der Suche nach einer Therapie.**
- **Wir bieten Selbsthilfeseminare an, erstellen und verbreiten Infomaterial und veröffentlichen Literatur rund um das Thema Stottern.**
- **Wir klären über Stottern auf: in Schulen, in Unternehmen und in der Öffentlichkeit.**
- **Wir begleiten, unterstützen und koordinieren die Selbsthilfeaktivitäten stotternder Menschen in Deutschland.**
- **Wir tragen unsere Anliegen in die Öffentlichkeit und verschaffen uns Gehör.**

Sag's auf deine Weise, mach mit

Egal, ob du stotterst oder nicht und ob du in einer Selbsthilfegruppe aktiv bist oder nicht: Dein Beitrag ist wichtig, denn als gemeinnütziger Verein sind wir auf finanzielle und ehrenamtliche Unterstützung angewiesen. Betroffene, Angehörige, Therapeutinnen und Therapeuten – gemeinsam können wir mehr erreichen.

Spendenkonto
IBAN DE67 3702 0500 0007 1034 00
BIC BFSWDE33XXX
Bank für Sozialwirtschaft Köln

Förderer oder Mitglied werden
bvss.de/mitgliedwerden

Kontakt zur BVSS
Bundesvereinigung Stottern & Selbsthilfe e.V.
Zülpicher Straße 58
Telefon 0221 139 1106 | info@bvss.de | www.bvss.de

Impressum

www.bvss.de

Lektorat und Korrekturen: Dorothea Beckmann, Wolfgang Rieker
Titelfoto: Adobe Stock, dStudio
Umschlaggestaltung: Marion Stelter, Leipzig
Satz & Layout: Marion Stelter, Leipzig
Druck: Medienhaus PLUMP, Rheinbreitbach

ISBN 978-3-921897-97-3